Entdecken Sie die Kunst, exquisite Torten und Törtchen herzustellen

100 köstliche Rezepte für jeden Anlass

Patrick Roth

INHALTSVERZEICHNIS

4

EINFÜHRUNG

Willkommen! Dieses Kochbuch soll Ihre Leidenschaft für die Zubereitung köstlicher Torten und Törtchen entfachen, die sowohl Familie als auch Freunde beeindrucken werden. Egal, ob Sie ein erfahrener Bäcker sind oder gerade erst mit Ihrer kulinarischen Reise beginnen, dieses Buch führt Sie durch die Kunst, unwiderstehliches Gebäck von Grund auf herzustellen.

Auf diesen Seiten finden Sie eine Schatzkammer an Rezepten, die sorgfältig zusammengestellt wurden, um eine vielfältige Auswahl an Geschmacksrichtungen und Stilen zu bieten. Von klassischen Obsttörtchen voller saisonaler Produkte bis hin zu herzhaften Törtchen voller Gourmetzutaten ist für jeden Gaumen etwas dabei. Unser Ziel ist es, Ihnen das Wissen und die Techniken zu vermitteln, die Sie benötigen, um perfekt gebackene, goldene Krusten und köstliche Füllungen zu erzielen, von denen jeder gerne wiederkommt.

Zu jedem Rezept gibt es Schritt-für-Schritt-Anleitungen, hilfreiche Tipps und wunderschöne Fotos, die Sie auf Ihrem Weg inspirieren und begleiten. Sie lernen, wie Sie die Kunst der Herstellung einer flockigen und butterartigen Kruste beherrschen, erkunden verschiedene Fülloptionen und experimentieren mit einzigartigen Geschmackskombinationen, die Ihre Fähigkeiten bei der Tortenherstellung auf ein neues Niveau heben.

Egal, ob Sie eine elegante Dinnerparty veranstalten, ein besonderes Dessert für einen geliebten Menschen zubereiten oder sich einfach selbst eine süße Leckerei gönnen – die Rezepte in diesem Kochbuch verwandeln Ihre Backbemühungen in unvergessliche kulinarische Erlebnisse. Also, schnapp dir dein Nudelholz, entstaube deine Schürze und los geht's auf eine genussvolle Reise durch die Welt der Torten und Törtchen!

Kruste und Muscheln

1. Einfache flockige Tortenkruste

Ergibt: 1 Tortenschale

ZUTATEN:
- 8 Esslöffel ungesalzene Butter, kalt
- 1 ⅓ Tassen + 4 Esslöffel Gebäckmehl
- ¼ Teelöffel Salz
- 2 ½ bis 3 ½ Esslöffel Eiswasser
- 1 ½ Teelöffel Apfelessig Optional
- ⅛ Teelöffel Backpulver

ANWEISUNGEN:
a) Teilen Sie die Butter in zwei Teile, etwa zwei Drittel bis ein Drittel .

b) Schneiden Sie die Butter in ¾-Zoll-Würfel.

c) Wickeln Sie jede Butterportion in Plastikfolie ein, stellen Sie die größere Menge in den Kühlschrank und frieren Sie die kleinere für mindestens 30 Minuten ein.

d) Mehl, Salz und Backpulver in einen Gefrierbeutel in Gallonengröße geben und mindestens 30 Minuten einfrieren.

e) Die größere Menge Butterwürfel zum Mehl geben und etwa 20 Sekunden lang verarbeiten, bis die Mischung einer groben Mahlzeit ähnelt.

f) Die restlichen gefrorenen Butterwürfel dazugeben und mixen, bis die gesamte gefrorene Butter die Größe von Erbsen hat.

g) Die geringste Menge Eiswasser und Essig hinzufügen und 6 Mal mixen. Prise a Geben Sie eine kleine Menge der Mischung zwischen Ihren Fingern zusammen.

h) Bei winzigen 2,5 cm großen Törtchen das Backpulver weglassen und die Verarbeitung solange fortsetzen, bis sich eine Kugel bildet.

i) Löffeln Sie die Mischung in die Plastiktüte.

j) Halten Sie beide Enden der Beutelöffnung mit Ihren Fingern fest und kneten Sie die Mischung, indem Sie abwechselnd von der Außenseite des Beutels mit den Knöcheln und Handballen darauf drücken, bis die Mischung in einem Stück zusammenhält und sich beim Ziehen leicht dehnbar anfühlt.

k) Wickeln Sie den Teig in Plastikfolie ein, drücken Sie ihn zu einer Scheibe flach und stellen Sie ihn mindestens 45 Minuten lang in den Kühlschrank.

2. <u>Die unverschrumpfbare süße Tortenschale</u>

Ergibt: genug für einen 9-Zoll-Törtchenboden

ZUTATEN:

- 1 ½ Tassen Allzweckmehl
- ½ Tasse Puderzucker
- ¼ Teelöffel Salz
- 1 Stange plus 1 Esslöffel ungesalzene Butter, in kleine Stücke schneiden
- 1 großes Ei

ANWEISUNGEN:

a) Mehl, Zucker und Salz in der Schüssel einer Küchenmaschine vermischen. Die Butterstücke darüber streuen trockene Inhaltsstoffe und pulsieren, bis die Butter grob eingeschnitten ist.

b) Rühren Sie das Eigelb um, um es aufzubrechen, und fügen Sie es nach und nach hinzu, wobei Sie nach jeder Zugabe pulsieren.

c) Wenn das Ei eingelegt ist, verarbeiten Sie es in langen Stößen – jeweils etwa 10 Sekunden lang –, bis der Teig, der kurz nach der Zugabe des Eies körnig aussieht, Klumpen und Quark bildet. Kurz bevor Sie dieses Stadium erreichen, ändert sich das Geräusch der Teigmaschine – Achtung.

d) Geben Sie den Teig auf eine Arbeitsfläche und kneten Sie ihn ganz leicht und sparsam, um alles einzuarbeiten trockene Inhaltsstoffe das wäre vielleicht einer Vermischung entgangen. Kühlen Sie den in Plastikfolie eingewickelten Teig vor dem Ausrollen etwa 2 Stunden lang.

e) Den Teig ausrollen: Eine geriffelte 9-Zoll-Tarteform mit abnehmbarem Boden mit Butter bestreichen.

f)

g) Rollen Sie den gekühlten Teig auf einem bemehlten Blatt Pergamentpapier zu einer 30 cm großen Runde aus. Heben Sie den Teig dabei gelegentlich an und wenden Sie ihn, um ihn vom Papier zu lösen.

h) Den Teig mithilfe von Papier in eine Tarteform mit 9 Zoll Durchmesser und abnehmbarem Boden formen. Ziehen Sie das Papier ab.

i) Eventuelle Risse im Teig abdichten.

j) Schneiden Sie den Überstand auf zwei ½ Zoll ab. Falten Sie den Überstand nach innen, so dass doppelt dicke Seiten entstehen.

k) Die Kruste rundherum mit einer Gabel einstechen.

l) Alternativ können Sie den Teig direkt nach der Verarbeitung eindrücken: Drücken Sie ihn gleichmäßig über den Boden und die Seiten des Tortenbodens.

m) Die Kruste mindestens 30 Minuten einfrieren.

n) So backen Sie die Kruste ganz oder teilweise: Stellen Sie einen Rost mittig in den Ofen und heizen Sie den Ofen auf 375 Grad F vor. Bestreichen Sie die glänzende Seite eines Stücks Aluminiumfolie mit Butter und legen Sie die Folie mit der gebutterten Seite nach unten fest auf die Kruste.

o) Und das Beste daran: Da Sie die Kruste eingefroren haben, können Sie sie ohne Gewichte backen. Stellen Sie die Tarteform auf ein Backblech und backen Sie den Boden 20 bis 25 Minuten lang.

p) Entfernen Sie vorsichtig die Folie. Wenn die Kruste aufgebläht ist, drücken Sie sie vorsichtig mit der Rückseite eines Löffels nach unten.

q) Backen Sie die Kruste etwa 10 Minuten länger, bis sie vollständig gebacken ist oder bis sie fest und goldbraun ist.

r) Stellen Sie die Pfanne auf ein Gestell und kühlen Sie die Kruste auf Raumtemperatur ab.

3. Käse-Tarte-Hüllen

Ergibt: 4 Portionen

ZUTATEN:
- ½ Tasse Gemüsefett
- 5 Unzen Amerikanischer Käseaufstrich; 1 Glas
- 1½ Tassen Ungebleichtes Mehl

ANWEISUNGEN:
a) Das Backfett und den Käseaufstrich in einer Schüssel vermischen.

b) Mit zwei Messern Mehl in die Käsemischung schneiden, bis alles gut vermischt ist.

c) Zu einer Rolle mit einem Durchmesser von 2,5 cm und einer Länge von 30 cm formen.

d) Komplett in Wachspapier oder Plastikfolie einwickeln.

e) 1 Stunde oder länger im Kühlschrank lagern. Ofen auf 375 Grad F vorheizen.

f) Den Teig aus dem Kühlschrank nehmen und auspacken. ⅛-Zoll dicke Scheiben schneiden.

g) Legen Sie in 12 Muffinförmchen oder 3-Zoll-Tarteformen jeweils eine Scheibe Teig auf den Boden.

h) Überlappen Sie jeweils 5 Scheiben außen.

i) Drücken Sie sie vorsichtig zusammen. Den Boden und die Seiten mit einer Gabel einstechen.

j) 18 bis 20 Minuten im vorgeheizten Backofen backen, bis es leicht gebräunt ist.

k) In der Pfanne auf einem Gestell abkühlen lassen und die Schalen vorsichtig entfernen, wenn sie sich kalt anfühlen.

4. Törtchen mit Maismehlkruste

Ergibt: 1 Portion

ZUTATEN:

- 2½ Tassen Maismehl
- 1 Teelöffel Salz
- 1 kalte, ungesalzene Butter einrühren; in Stücke schneiden
- 6 Esslöffel festes pflanzliches Backfett; kalt
- 5 Esslöffel Eiswasser

ANWEISUNGEN:

a) Mehl und Salz in einer Schüssel vermischen. Mit den Händen die Butter und das Backfett in das Mehl einarbeiten, bis die Mischung groben Krümeln ähnelt. Streuen Sie jeweils 1 oder 2 Esslöffel Eiswasser über die Mischung. Den Teig zu einer Kugel formen. Den Teig auf eine bemehlte Fläche stürzen.

b) Kneten Sie den Teig mit dem Handballen. Dadurch vermischen sich Butter und Backfett und der Teig wird flockiger. 30 Minuten kühl stellen. Rollen Sie den Teig auf einer bemehlten Oberfläche zu einem Kreis mit einem Durchmesser von 35 cm und einer Dicke von 3 cm aus.

c) Falten Sie den Teigkreis vorsichtig in zwei Hälften und dann noch einmal in zwei Hälften, damit Sie ihn anheben können, ohne ihn zu zerreißen, und falten Sie ihn in eine 9-Zoll-Tarteform.

5. Freiform-Törtchenschalen

Ergibt: 4 Portionen

ZUTATEN:
- 1 Ei mit 1 Teelöffel Wasser vermischen
- ¼ Tasse Kristallzucker
- 1 Tasse Mehl
- ¼ Teelöffel Salz
- ⅛ Teelöffel Backpulver
- 8 Esslöffel ungesalzene Butter

ANWEISUNGEN:

a) In einer Küchenmaschine Zucker, Mehl, Salz und Backpulver vermischen.

b) Wenn alles gut vermischt ist, fügen Sie die Butter hinzu und lassen Sie die Maschine pulsieren, bis die Butter in der Mehlmischung aufgelöst ist.

c) Ei und Wasser dazugeben und verrühren, bis ein Teig entsteht.

d) Übertragen Sie den Teig auf Wachspapier. Klopfen Sie es in eine flache Runde und stellen Sie es 30 bis 45 Minuten lang in den Kühlschrank oder bis es entspannt ist und Sie es ausrollen können.

e) Teilen Sie den Teig in etwa 8 gleich große Stücke.

f) Rollen Sie die Stücke auf einem leicht bemehlten Brett aus.

g) Anstatt sie in Törtchenschalen zu füllen und vorzubacken, formen Sie sie einfach in grobe Runden oder schneiden Sie sie in Herzen oder Rechtecke.

h) Übertragen Sie die Freiformformen auf ein Backblech und kühlen Sie sie 20 Minuten lang, während Sie den Ofen auf 400 Grad vorheizen.

i) Den Teig mit einer Gabel einstechen, damit er nicht aufgeht.

j) 10 bis 12 Minuten backen oder bis die Ränder braun sind.

k) Nehmen Sie sie aus dem Ofen, legen Sie sie auf einen Rost und lassen Sie sie abkühlen.

l) Wenn es vollständig abgekühlt ist, belegen Sie es mit dem, was Sie möchten.

6. Schokoladenkruste

Ergibt: 1 Tortenboden

ZUTATEN:
- ¾ Portion Schokoladenstreusel
- 8 g Zucker
- 0,5 g koscheres Salz
- 14 g Butter, geschmolzen

ANWEISUNGEN:
a) Die Schokoladenkrümel in einer Küchenmaschine zerkleinern, bis sie sandig sind und keine größeren Klümpchen mehr übrig sind.

b) Geben Sie den Sand in eine Schüssel und vermischen Sie ihn mit den Händen mit Zucker und Salz.

c) Fügen Sie die geschmolzene Butter hinzu und kneten Sie sie in den Sand, bis sie feucht genug ist, um sie zu einer Kugel zu kneten.

d) Übertragen Sie die Mischung in eine 10-Zoll-Kuchenform.

e) Drücken Sie die Schokoladenkruste mit Ihren Fingern und Handflächen fest in die Form und achten Sie darauf, dass der Boden und die Seiten der Kuchenform gleichmäßig bedeckt sind.

f) In Plastikfolie eingewickelt kann die Kruste bis zu 5 Tage bei Raumtemperatur oder 2 Wochen im Kühlschrank aufbewahrt werden.

7. Graham-Kruste

Ergibt: 2 Tassen

ZUTATEN:
- 190 g Graham-Cracker-Krümel
- 20 g Milchpulver
- 25 g Zucker
- 3 g koscheres Salz
- 55 g Butter, geschmolzen
- 55 g Sahne

ANWEISUNGEN:
a) Geben Sie die Graham-Krümel, das Milchpulver, den Zucker und das Salz mit den Händen in eine Schüssel, um sie gleichmäßig zu verteilen trockene Inhaltsstoffe.
b) Butter und Sahne verquirlen.
c) Zum hinzufügen trockene Inhaltsstoffe und nochmals umrühren, um es gleichmäßig zu verteilen.

8. Mini-Törtchenschalen

Ergibt: 20-22 Mini-Muscheln

ZUTATEN:
- 3 Tassen Allzweckmehl
- ⅛ Teelöffel Salz
- 1 ¼ Tassen Puderzucker
- 3 Eigelb
- 2 Teelöffel Vanilleschotenpaste oder Vanilleextrakt
- 2 Stangen ungesalzene Butter

ANWEISUNGEN:
a) Mehl und Salz sieben. Beiseite legen.

b) Im Mixer mit Blütenblattaufsatz ungesalzene, zimmerwarme Butter und Puderzucker glatt rühren.

c) In einer kleinen Schüssel Eigelb und Vanilleschotenpaste oder Vanilleextrakt verquirlen.

d) Die Eigelbmischung nach und nach unter die Rahmbutter rühren.

e) Kratzen Sie die Schüssel nach Bedarf ein paar Mal aus.

f) Bei niedriger Geschwindigkeit nach und nach die Mehlmischung zur Buttermischung geben.

g) Mischen, bis es anfängt, sich zu verbinden. Wenn der Teig zu krümelig ist, 1 Teelöffel Milch hinzufügen.

h) Den Teig auf eine saubere Arbeitsfläche oder in eine Schüssel geben und mit den Händen zu einer Kugel formen.

i) Dann den Teig zu einer Scheibe formen, in Folie einwickeln und 1 bis 2 Stunden kalt stellen

j) Ofen auf 350F vorheizen.

k) Mini-Törtchenformen auf ein Backblech legen. Mit einem Antihaftspray einsprühen und beiseite stellen.

l) Nehmen Sie den gekühlten Teig heraus und schneiden Sie ihn in zwei Hälften. Lassen Sie es 5 Minuten lang weich werden.

m) Rollen Sie es zwischen zwei Blättern Pergament aus oder verwenden Sie Dough EZ Mat.

n) Rollen Sie es mit ⅛-Zoll-Rollführungen aus.

o) Schneiden Sie so viele Runden wie möglich aus. Sammle Reste und rolle erneut.

p) Formen Sie die Törtchen und stechen Sie den Boden der Schalen mit einer Gabel ein.

q) 12–14 Minuten bei 180 °C backen, bis die Ränder goldbraun sind.

9. Französischer süßer Tortenboden

Ergibt: 1 Tortenschale

ZUTATEN:
- 1 ½ Tassen Mehl, einfach/Allzweckmehl
- 6 ½ Esslöffel weicher Puderzucker
- 2 ½ Esslöffel Mandelmehl
- ¼ Teelöffel Salz
- 100 g / 7 Esslöffel Butter, ungesalzen, weich, geschnitten
- 1 großes Ei, zimmerwarm

ANWEISUNGEN:
a) Mehl, Puderzucker, Salz und Mandelmehl in einer Schüssel vermischen.

b) Reiben Sie die Butter mit den Fingerspitzen ein trockene Inhaltsstoffe bis es wie Semmelbrösel aussieht.

c) Mit einem Gummispatel verrühren, bis das Rühren zu schwierig wird, dann mit den Händen zu einem Teig verkneten.

d) Den Teig auf eine Arbeitsfläche geben und durchkneten, bis eine glatte Kugel entsteht.

e) Zu einer 2 cm dicken Scheibe flach drücken, mit Frischhaltefolie umwickeln und 30 Minuten im Kühlschrank lagern.

f) Den gekühlten Teig auspacken. Auf eine leicht bemehlte Arbeitsfläche legen.

g) Zu einer 13-Zoll-Runde ausrollen.

h) Den Teig leicht auf einem Nudelholz ausrollen. Anschließend vorsichtig über der Tarteform ausrollen.

i) Passen Sie den Teig so an, dass er in die Tortenform passt, bis er in die Ecke passt, und achten Sie darauf, ihn nicht zu dehnen.

j) Rollen Sie das Nudelholz über die Tarteform, um den überschüssigen Teig abzuschneiden.

k) Den Teigboden 30 Mal mit einer Gabel einstechen.

l) Den Teig 30 Minuten in der Tarteform kalt stellen.

10. Frischkäse-Tarte-Schalen

Macht: 24

ZUTATEN:
- 3 Unzen Frischkäse, weich
- ½ Tasse weiche Butter
- 1 Tasse Allzweckmehl

ANWEISUNGEN:
a) Frischkäse und Butter oder Margarine verrühren. Mehl einrühren, bis es vermischt ist. Etwa 1 Stunde kalt stellen.
b) Den Ofen auf 325 Grad F vorheizen.
c) Formen Sie den Teig zu 24 2,5 cm großen Kugeln und drücken Sie ihn in ungefettete 3,8 cm große Muffinförmchen, sodass eine flache Schale entsteht.
d) Mit Ihrer Lieblingsfüllung füllen und 20 Minuten backen, oder bis die Kruste hellbraun ist.

11. Walnuss-Törtchenschalen

Macht: 12

ZUTATEN:
- 2 Tassen Allzweckmehl, plus mehr zum Ausrollen des Teigs
- ¼ Teelöffel Salz
- ½ Tasse Walnüsse
- ¾ Tasse ungesalzene Butter, gekühlt und in kleine Stücke geschnitten

ANWEISUNGEN:
a) Mehl, Salz und Walnüsse in die Schüssel einer Küchenmaschine geben.

b) Pulsieren, bis die Walnüsse klein, aber nicht fein sind.

c) Fügen Sie Butter hinzu und pulsieren Sie etwa 15 Sekunden lang, bis die Mischung kleinen Erbsen ähnelt.

d) Geben Sie bei laufender Maschine ¼ Tasse Eiswasser durch den Einfüllstutzen hinzu.

e) Pulsieren Sie, bis sich der Teig gerade zusammenfügt, wenn Sie ihn mit den Fingern andrücken.

f) Den Teig zu einer Kugel formen. Zu einer Scheibe flach drücken und in Plastik einwickeln.

g) In den Kühlschrank stellen und mindestens 1 Stunde kalt stellen.

h) Stellen Sie vierundzwanzig 2-Zoll-Törtchenformen auf ein Backblech.

i) Eine saubere Arbeitsfläche leicht mit Mehl bestäuben. Den Teig auf eine Dicke von ⅛-Zoll ausrollen. Schneiden Sie den Teig mit einem Gemüsemesser in vierundzwanzig Quadrate, die etwas größer als die Formen sind.

j) Den Teig in Formen drücken und überstehenden Teig abschneiden.

k) Eine zweite Törtchenform auf jede mit Backpapier ausgelegte Form stellen und den Teig beschweren.

l) Weitere 30 Minuten kalt stellen.

m) Den Ofen auf 375 Grad vorheizen.

n) Backen Sie die Schalen etwa 10 Minuten lang, bis sie an den Rändern leicht gebräunt sind.

o) Entfernen Sie die oberen Pfannen und backen Sie weitere 12 bis 15 Minuten weiter, bis alles gar und rundherum gebräunt ist.

p) Nehmen Sie die Schalen heraus und geben Sie sie zum Abkühlen auf Gitter. Große Schalen in einem luftdichten Behälter bis zu 3 Tage haltbar.

12. Phyllo-Törtchenschalen

Macht: 12

ZUTATEN:
- 1 Rolle gefrorener Phyllo-Teig aufgetaut
- ½ Stock geschmolzene Butter

ANWEISUNGEN:
a) Ofen auf 375 vorheizen.

b) Legen Sie den Phyllo-Teig auf ein Schneidebrett. Mit einem Pizzaschneider in sechs Quadrate schneiden.

c) Mit einem feuchten Papiertuch abdecken.

d) Die Innenseite von zwei Muffinformen mit zerlassener Butter bestreichen.

e) Decken Sie 1 Stapel Quadrate auf.

f) Ein Blech mit zerlassener Butter bestreichen, in eine Muffinform legen und ausklopfen.

g) Wiederholen Sie dies mit fünf Blättern.

h) Im 375-Grad-Ofen 8 Minuten backen oder bis es goldbraun ist.

13. Mürbeteig-Tarte-Kruste

Ergibt: Eine 10-Zoll-Törtchenkruste

ZUTATEN:
FÜR DEN TEIG
- 12 Esslöffel kalte Butter, gewürfelt
- ⅔ Tasse Puderzucker
- 2 Eigelb
- 2 Tassen Allzweckmehl

ZUM EIERSPÜLEN
- 1 Ei
- 1 Esslöffel Wasser

ANWEISUNGEN:
a) Butter, Puderzucker und Eigelb in die Schüssel einer Küchenmaschine mit Messer geben.

b) Pulsieren, bis alles gut vermengt, aber noch mit Butter gesprenkelt ist.

c) Fügen Sie das Mehl hinzu und lassen Sie die Maschine laufen, bis sich der Teig zusammenfügt, wenn Sie ihn zwischen Ihren Fingern zusammendrücken.

d) Legen Sie den Teig auf ein großes Stück Backpapier, kneten Sie ihn ein paar Mal, bis alles gut verknetet ist, und formen Sie ihn zu einer Scheibe.

e) Gut in Pergament einwickeln und etwa eine halbe Stunde kalt stellen.

f) Heizen Sie den Ofen mit einem Rost in der Mitte auf 350 °F vor.

g) Den Teig aus dem Kühlschrank nehmen und 15 Minuten auf der Arbeitsfläche ruhen lassen.

h) Streuen Sie etwas Mehl auf Ihre Arbeitsfläche und über die Teigoberfläche.

i) Rollen Sie den Teig mit einem Nudelholz zu einem etwa 30 cm großen Kreis aus.

j) Übertragen Sie den Teig sehr vorsichtig in eine 10-Zoll-Tarteform mit abnehmbarem Boden und drücken Sie leicht auf den Teig, damit er eng am Boden und an den Seiten der Form anliegt.

k) Den Boden der Schale rundherum mit einer Gabel einstechen. Das Ganze auf ein Backblech legen.

l) Legen Sie ein Stück Pergamentpapier über die Schale und achten Sie darauf, dass die Ränder bedeckt sind.

m) Verteilen Sie reichlich getrocknete Bohnen oder Kuchengewichte auf dem Pergament, sodass der gesamte Boden der Tortenform bedeckt ist.

n) Auf diese Weise 15 Minuten backen, dann das Pergament und die Bohnen entfernen.

o) Bestreichen Sie die Schale mit etwas Eigelb.

p) Geben Sie die Schale für mindestens weitere 10 Minuten wieder in den Ofen.

q) Aus dem Ofen nehmen und vor dem Befüllen vollständig abkühlen lassen.

14. Eiloser Tortenboden

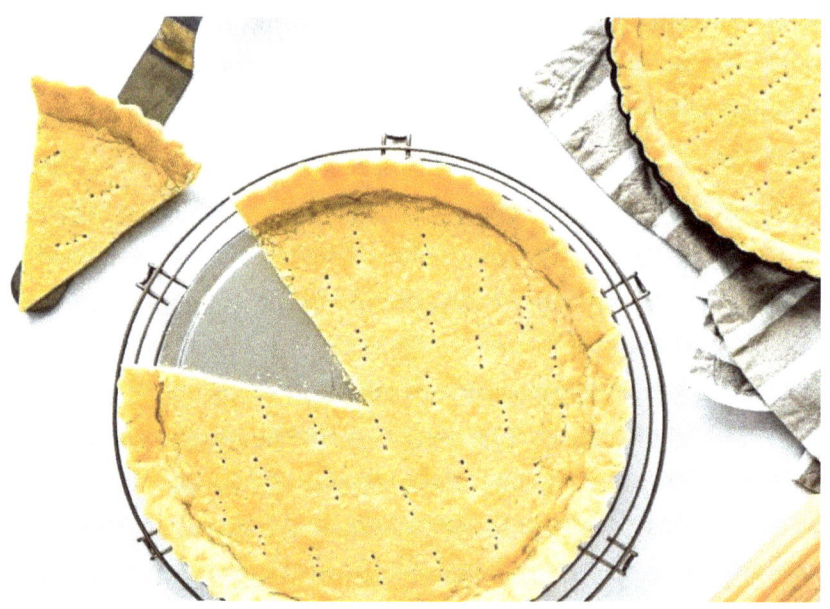

Macht: 9,5-Zoll-Törtchenkruste

ZUTATEN:
- 1 ¼ Tasse 175 g Allzweckmehl
- ⅓ Tasse 40 g Puderzucker
- ¼ Teelöffel koscheres Salz
- ½ Tasse 115 g ungesalzene Butter, kalt und gewürfelt
- 1 Esslöffel 15 ml Kondensmilch
- 2 Teelöffel 10 ml Sahne
- 1 Teelöffel 5 ml reiner Vanilleextrakt

ANWEISUNGEN:
Machen Sie den Teig:

a) Geben Sie Mehl, Zucker und Salz in die Schüssel einer Küchenmaschine, einer Küchenmaschine oder einer Schüssel. Puls zum Kombinieren.

b) Die gehackte Butter hinzufügen und in kurzen Stößen verarbeiten, bis die Mischung grobem Mehl oder feinen Semmelbröseln ähnelt.

c) Geben Sie bei laufendem Motor Kondensmilch, Sahne und Vanille hinzu und verarbeiten/mischen/rühren Sie, bis sich der Teig zu einer Kugel zusammenfügt und sich sauber vom Schüsselrand lösen lässt.

d) Von Hand: Mischen trockene Inhaltsstoffe in einer großen Schüssel.

e) Schneiden Sie die Butter mit einem Teigschneider oder zwei Messern in die Mehlmischung, bis die Konsistenz grobem Maismehl ähnelt.

f) Und dann die feuchten Zutaten hinzufügen und mit einer Gabel verrühren, bis ein Teig entsteht.

g) Den Teig auf eine leicht bemehlte Fläche stürzen.

h) Bringen Sie den Teig zusammen und drücken Sie ihn flach in eine Schüsselform. In Plastikfolie einwickeln und 1 Stunde im Kühlschrank lagern.

i) Den Teig auf einer leicht bemehlten Fläche ausrollen.

j) Bemehlen Sie das Nudelholz, rollen Sie den Teig locker darum und rollen Sie ihn dann in der Tarteform aus.

k) Drapieren Sie den Teig mit den Fingern hinein und tupfen Sie ihn sanft gleichmäßig auf den Boden und die Seiten der Tarteform, anstatt ihn zu ziehen oder zu dehnen.

l) Bei Bedarf eventuelle Risse im Teig abdichten.

m) Schneiden Sie überschüssigen Teig mit einem scharfen Messer oder mit dem Nudelholz ab, indem Sie ihn über die Tarteform rollen.

n) Mit einer Gabel den Boden mehrmals vorsichtig einstechen.

o) Decken Sie die Tarteform mit Plastikfolie ab und stellen Sie sie etwa 30 Minuten lang in den Gefrierschrank, bis sie fest ist.

p) Ofen auf 200 °C vorheizen.

q) Den gekühlten Tortenboden mit einer doppelten Lage Pergamentpapier oder Aluminiumfolie auslegen.

r) Füllen Sie den Boden mit Tortengewichten.

BACKEN:

s) 15–18 Minuten lang bei 200 °C backen, oder bis die Ränder fest sind und das Papier/die Folie nicht mehr am Teig klebt.

t) Den Tarteboden aus dem Ofen nehmen. Gewichte und Papier entfernen.

u) Um die Kruste teilweise zu backen: Nachdem Sie die Gewichte entfernt haben, backen Sie den Teig noch 5 Minuten lang.

v) So backen Sie die Kruste vollständig: Nachdem Sie die Gewichte entfernt haben, backen Sie sie noch etwa 10 bis 12 Minuten lang oder bis sie goldbraun und knusprig sind.

w) Auf einen Rost legen und vor dem Befüllen vollständig abkühlen lassen.

15. Vollkorn-Törtchenboden

Ergibt: 9-Zoll-Törtchenkruste

ZUTATEN:
- ¾ Tasse Margarine
- 1 ½ Tassen Vollkornmehl
- ½ Teelöffel Salz
- 4 Esslöffel Eiswasser oder nach Bedarf

ANWEISUNGEN:
a) Heizen Sie den Ofen auf 350 Grad F vor.

b) Margarine in eine Edelstahlschüssel geben.

c) Mit einem Elektromixer mit Rühraufsatz bei niedriger Geschwindigkeit vermischen, bis die Mischung leicht weich ist.

d) Mehl und Salz hinzufügen; Mischen Sie weiter bei niedriger Geschwindigkeit, um alles zu vermischen.

e) Nach und nach Eiswasser zugießen, bis ein Teig entsteht.

f) Den Teig halbieren. Einen Teil des Teigs in Plastikfolie einwickeln und für die spätere Verwendung im Kühlschrank aufbewahren.

g) Den anderen Teil des Teigs auf einer leicht bemehlten Oberfläche mit einem leicht bemehlten Nudelholz ausrollen.

h) In eine 9-Zoll-Tarteform formen. Den Teigboden mit einer Gabel gleichmäßig einstechen.

i) Im vorgeheizten Ofen 10 bis 15 Minuten backen, bis die Kruste leicht gebräunt ist.

SCHOKOLADENTARTEN

16. Trüffeltarte mit Espressosauce

Ergibt: 1 Portion

ZUTATEN:
- 1½ Tassen Schokoladenwaffelkrümel
- 6 Esslöffel süße Butter

FÜLLUNG:
- 12 Unzen halbsüße Schokolade
- ½ Tasse Sahne
- 1 Stück süße Butter,
- In Stücke schneiden und weich machen
- 2 Esslöffel Kahlua-Likör
- 1 Prise Salz

SOSSE:
- ½ Tasse Schlagsahne
- 4 Esslöffel Zucker
- ¼ Tasse Butter
- 1 Teelöffel fein gemahlener Espresso
- 1 Teelöffel Kaffee

ANWEISUNGEN:

a) Feine Schokoladenwaffeln in einer Küchenmaschine zerstoßen oder mahlen. Butter schmelzen und zu Krümeln vermengen. In eine Torten- oder Kuchenform füllen. Vor dem Befüllen kalt stellen, bis es fest ist oder 15 Minuten bei 300 Grad backen, abkühlen lassen und füllen.

b) Füllung: In einem großen Topf Schokolade, Sahne, Butter und Kahlua vermischen und die Mischung bei mäßiger Hitze unter Rühren erhitzen, bis eine glatte Masse entsteht. Vom Herd nehmen und 30 Minuten bei Zimmertemperatur abkühlen lassen.

c) In die abgekühlte Tarteform füllen und mindestens 3 Stunden im Kühlschrank lagern.

d) Soße: In einem Topf Sahne, Zucker und Butter vermischen. Bei schwacher Hitze unter häufigem Rühren kochen, bis die Mischung kocht. 5 Minuten kochen lassen, dabei gelegentlich umrühren. Vom Herd nehmen. Expresso-Boden unterrühren.

e) Zum Servieren eine mäßige Menge warme Soße auf einen Teller mit Rand geben. Top mit ein Stück der Torte.

17. Dunkle Schokoladentorte mit Ingwerkruste

Ergibt: 10 Portionen

KRUSTE:
- 8 Unzen Lebkuchenplätzchen, grob gebrochen
- ¼ Tasse gesalzene Butter, geschmolzen

FÜLLUNG:
- 12 Unzen bittersüße Schokolade, fein gehackt
- 1 Tasse schwere Schlagsahne
- 2 große Eigelb
- 1 großes Ei
- ¼ Tasse Zucker
- 1 Esslöffel Allzweckmehl
- ⅛ Teelöffel frisch gemahlener schwarzer Pfeffer
- Prise Salz
- ¼ Teelöffel Zimt
- Leicht geschlagene Sahne zum Servieren

ANWEISUNGEN:
FÜR DIE KRUSTE:

a) Den Ofen auf 325 °F vorheizen. Lebkuchenplätzchen im Prozessor fein mahlen.

b) Geschmolzene Butter hinzufügen und verarbeiten, bis sie feucht ist.

c) Drücken Sie die Krümelmischung fest auf den Boden und die Oberseite einer Tarteform mit 9 Zoll Durchmesser und abnehmbarem Boden.

d) Stellen Sie die Form auf das Backblech mit Rand.

FÜR DIE FÜLLUNG:

e) Fein gehackte Zartbitterschokolade und kräftige Schlagsahne in einem schweren mittelgroßen Topf vermischen.

f) Bei schwacher Hitze verrühren, bis die Schokolade geschmolzen und glatt ist.

g) Den Topf vom Herd nehmen.

h) Eigelb, Ei, Zucker, Mehl, gemahlener schwarzer Pfeffer, Salz und Zimt in einer Schüssel verrühren.

i) Die Schokoladenmischung nach und nach mit der Eimischung verrühren, bis eine glatte Masse entsteht.

j) Schokoladenfüllung in die Kruste gießen.

k) Backen Sie die Schokoladentorte etwa 30 Minuten lang, bis sich die Füllung an den Rändern leicht aufbläht und die Mitte weich ist. In das Rack übertragen. Die Tarte 20 Minuten in der Form abkühlen lassen.

l) Entfernen Sie vorsichtig die Ränder der Tarteform und lassen Sie die Tarte vollständig abkühlen.

m) Die Tarte in dünne Spalten schneiden und mit leicht geschlagener Sahne servieren.

18. Schokoladen-Brownie-Tarte

Ergibt: 10 Portionen

ZUTATEN:
- 1 Tasse Fluorid
- ¼ Tasse Fest verpackter hellbrauner Zucker
- 1 Unze Schokolade; ungesüßt, gerieben
- ½ Tasse Butter; In ½ Zoll große Stücke schneiden, gut gekühlt
- 2 Esslöffel Milch
- 1 Teelöffel Vanille
- 3 Unzen ungesüßte Schokolade
- 3 Unzen Halbbitter Schokolade
- ½ Tasse Butter; Zimmertemperatur, in Stücke schneiden
- 1½ Tassen Zucker
- 3 Eier; der Beat zum Mischen
- 2 Teelöffel Vanille
- ½ Tasse Gehackte Walnüsse
- ¾ Tasse Allzweckmehl
- 4 Unzen Halbbitter Schokolade; geschmolzen
- ¼ Butter; Zimmertemperatur
- 2 Teelöffel Pflanzenöl

ANWEISUNGEN:
FÜR DAS GEBÄCK:
a) Mehl, braunen Zucker und geriebene Schokolade in einer Schüssel vermischen. Butter hineinschneiden, bis die Mischung einer groben Mahlzeit ähnelt. Milch und Vanille mit einer Gabel untermischen, bis alles gut vermischt ist. Klopfen Sie den Teig auf den Boden und die Seiten einer 27 cm großen Tarteform und bestreuen Sie die Fingerspitzen nach Bedarf mit Mehl, wenn die Mischung zu klebrig wird.

FÜR DIE FÜLLUNG:
b) Ofen vorheizen auf 350 Grad. Die Schokolade auf einem Wasserbad über heißem Wasser schmelzen. Vom Herd nehmen und Butter Stück für Stück unterrühren.

c) Übertragen Sie die Mischung in eine Schüssel. Zucker hinzufügen und gut vermischen; Die Mischung wird körnig sein.

d) Fügen Sie jeweils ein Drittel der geschlagenen Eier hinzu und vermischen Sie sie nach jeder Zugabe gut. Vanille untermischen. Gehackte Nüsse unterrühren.

e) Nach und nach Mehl hinzufügen und nach jeder Zugabe gut vermischen. In die Teighülle gießen.

f) 20 bis 25 Minuten backen, bis die Mitte gerade erstarrt ist und ein in die Mitte eingesetzter Tester sauber herauskommt.

g) Lassen Sie die Tarte auf einem Kuchengitter abkühlen.

Für die Glasur:

h) Schokolade, Butter und Öl in einer Schüssel vermischen und glatt rühren.

i) Abkühlen lassen, bis eine streichfähige Konsistenz entsteht, dabei gelegentlich umrühren.

j) Verteilen Sie die Glasur oben auf der Torte. Leicht stehen lassen, bis die Glasur fest wird.

k) Zum Servieren in Spalten schneiden.

19. Schokoladen-Butter-Törtchen

Ergibt: 12 Törtchen

ZUTATEN:
- 3 Quadrate bittersüße Schokolade
- 12 Ungebacken mit. säuerliche Muscheln
- ¾ Tasse Leicht gepackter brauner Zucker
- ¼ Tasse Maissirup
- 1 Eier
- 2 Esslöffel Butter; aufgeweicht
- 1 Teelöffel Vanille
- 1 Teelöffel Essig
- Prise Salz
- 1 Quadratische Zartbitterschokolade geschmolzen

ANWEISUNGEN:
a) Schneiden Sie jedes der drei Schokoladenquadrate in 16 Stücke.

b) Legen Sie 4 Stücke auf den Boden jeder Tortenschale. Braunen Zucker, Maissirup, Ei, Butter, Vanille, Essig und Salz verrühren. In die Tarteschalen füllen und zu drei Vierteln füllen.

c) Bei 450 Grad 12–14 Minuten backen, oder bis die Füllung aufgebläht und sprudelnd ist und der Teig leicht golden ist. Einfache Kühlung auf Gestellen.

d) Mit geschmolzener Schokolade beträufeln.

20. Schokoladen-Kokos-Minitörtchen

Ergibt: 36 Portionen

ZUTATEN:

- 14 Unzen gesüßtes Kondenswasser Milch
- 2 Esslöffel Haselnusslikör oder Wasser
- 2 Esslöffel Wasser
- 1 Packung Instant -Schokolade

PUDDING-MISCHUNG

- 13-Unzen-Packung weiche Makronen
- 1 Tasse Fein gehackte Pekannüsse
- 2 Esslöffel Ungesüßtes Kakaopulver
- ⅔ Tasse Schlagsahne

KOKOSNUSSKRUSTE

- Geröstete Kokosnuss, optional
- Schlagsahne, optional
- ⅓ Tasse Butter oder Margarine, geschmolzen

ANWEISUNGEN:

a) Kombinieren Sie gesüßte Kondensmilch, Likör oder Wasser und Wasser.

b) Puddingmischung und Kakaopulver hinzufügen. Schlagen, bis alles glatt ist.

c) Abdecken und 5 Minuten kalt stellen.

d) ⅔ Tasse Schlagsahne schaumig schlagen; Unter die Schokoladenmischung heben.

e) Zu Kokosnusskrusten häufen. 2 bis 24 Stunden kalt stellen.

f) Nach Belieben mit zusätzlicher Schlagsahne und gerösteter Kokosnuss garnieren.

KOKOSNUSSKRUSTE:

g) Makronen, Pekannüsse und Butter vermischen.

h) Drücken Sie 1 Esslöffel Mischung auf den Boden und die Oberseite von 36 gut gefetteten 1¾-Zoll-Muffinförmchen.

i) Im 375-Grad-Ofen 8–10 Minuten backen oder bis die Ränder gebräunt sind. Auf einem Gitter abkühlen lassen.

j) Lösen; aus den Tassen nehmen.

21. Schokoladen-Haselnuss-Tarte

Ergibt: 8 Portionen

ZUTATEN:

- 3 Esslöffel Kakaopulver
- ¼ Tasse Zucker
- 4 Esslöffel Butter
- 1 Ei
- 4 Unzen Bittersüße oder halbsüße Schokolade
- ¼ t Backpulver
- 4 Esslöffel Butter
- 1 Tasse Dunkler Maissirup
- ½ Tasse Zucker
- 3 Eier
- 2 Esslöffel Dunkelkammer

SCHOKOLADENTEIG

- 1 Tasse ungebleichtes Allzweckprodukt
- Prise Salz

FÜLLUNG

- 2 Tassen ganze Haselnüsse

ANWEISUNGEN:

a) Den Tee sieben trockene Inhaltsstoffe dreimal zusammen.

b) Butter einreiben und mit dem Ei benetzen .

c) Zu einer Scheibe formen, einwickeln und im Kühlschrank aufbewahren. Kochen der Schokoladen-Haselnuss-Füllung.

d) Legen Sie die Haselnüsse auf eine Backform und rösten Sie sie etwa 10 Minuten lang bei 350 Grad F, bis sich die Schale löst und sich leicht lösen lässt. Reiben Sie die Haselnüsse in einem Handtuch ab, um die Schale zu entfernen.

e) Haselnüsse grob hacken, per Hand oder mit einer Küchenmaschine. Die Schokolade mit der Butter in einer Schüssel vermischen. Bringen Sie einen kleinen Topf mit Wasser zum Kochen und schalten Sie die Hitze aus.

f) Stellen Sie die Schüssel mit der Schokolade und der Butter über das heiße Wasser und rühren Sie um, bis sie schmelzen. Maissirup und Zucker in einer Pfanne vermischen. Bei mittlerer Hitze zum Kochen bringen.

g) Vom Herd nehmen und die Schokoladenmischung einrühren. Eier und Salz mit dem optionalen Rum verquirlen. Die Schokoladenmischung unterrühren und darauf achten, dass nicht zu viel geschlagen wird. Zusammenbau.

h) Arbeitsfläche und Teig leicht bemehlen. Rollen Sie den Teig zu einer 14 Zoll dicken Scheibe mit einer Dicke von 1/8 Zoll aus.

i) Eine 25 cm große Tarteform mit dem Teig auslegen und den überschüssigen Teig abschneiden.

j) Die gehackten Haselnüsse unter die Füllung rühren und die Füllung in die Pfanne gießen. Backen. Bei 350 Grad F backen, bis die Füllung fest ist und die Kruste etwa 40 Minuten lang durchgebacken ist. Halten. Lagern Sie die Tarte bis zu 2 Tage bei Raumtemperatur.

22. Schokoladen-Mascarpone-Nusstorte

Ergibt: 1 Portion

ZUTATEN:
- 1 Tasse Allzweckmehl
- ¾ Tasse Kristallzucker
- ½ TL Salz
- 1 Tasse Ungesüßtes alkalisiertes Kakaopulver
- 6 Unzen Gekühlte, ungesalzene Butter in ½-Zoll-Stücke schneiden
- 4 groß Eigelb
- 6 Unzen Bittersüße Schokolade; fein gehackt
- 1 Tasse Sauerrahm
- 1 Tasse Schlagsahne
- ½ Tasse Kristallzucker; geteilt
- 2 groß Eier
- 4 groß Eigelb
- 2 Teelöffel Maisstärke
- 8 Unzen Mascarpone
- ¾ Tasse Schlagsahne
- 4 Unzen Kastanienpüree
- ½ Tasse Puderzucker
- 1 Teelöffel Vanilleextrakt

ANWEISUNGEN:
a) Mehl, Zucker, Salz und Kakaopulver in einer Küchenmaschine mit Metallmesser vermischen. Pulsieren Sie die Maschine acht bis neun Mal, um zu mixen. Streuen Sie die Butter über die Mehlmischung und lassen Sie die Maschine pulsieren, bis die Butter in das Mehl geschnitten ist und die Mischung einer groben Mahlzeit ähnelt.

b) Fügen Sie das Eigelb hinzu und verarbeiten Sie es nur in kleinen Schritten weiter, bis die Mischung gleichmäßig eingearbeitet ist und die Partikel beginnen, zusammenzuhalten. Den Teig auf eine Arbeitsfläche kratzen und zu einer Kugel formen. Drücken Sie es zu einer Scheibe flach und wickeln Sie es in Plastikfolie ein. 1 Stunde kalt stellen.

c) Stellen Sie einen Rost in die Mitte des Ofens und heizen Sie ihn auf 350 Grad F vor.

d) Nehmen Sie die gekühlte Scheibe aus dem Kühlschrank. Legen Sie den Teig zwischen zwei Stücke Plastikfolie und rollen Sie den Teig zu einer kleinen Runde. Heben Sie den Teig nach jeder Rolle an und drehen Sie ihn eine Vierteldrehung. Rollen Sie weiter, bis der Kreis einen Durchmesser von etwa 14 Zoll hat und etwa ⅛ Zoll dick ist. Entfernen Sie die oberste Schicht Plastikfolie.

e) Rollen Sie den Teig vorsichtig um das Nudelholz herum und geben Sie ihn in eine geriffelte 12-Zoll-Tarteform mit abnehmbarem Boden. Den Teig in der Form ausrollen. Heben Sie die Ränder des Teigs an und drücken Sie den Teig vorsichtig in den Boden und an die Seiten der Form. Überschüssigen Teig abschneiden. Den Teig 20 bis 30 Minuten kühl stellen, bis er fest ist.

f) Backen Sie die Tortenschale 20 bis 30 Minuten lang oder bis sie fest ist. Auf ein Kuchengitter legen und vollständig abkühlen lassen.

SCHOKOCREME:

g) Die gehackte Schokolade in eine Schüssel geben und beiseite stellen.

h) In einem nicht ätzenden mittelgroßen Topf saure Sahne, Sahne und ¼ Tasse Zucker bei mittlerer bis hoher Hitze zum Kochen bringen.

i) In einer Schüssel mit einem Handmixer die Eier, Eigelb, Maisstärke und die restliche ¼ Tasse Zucker bei mittlerer Geschwindigkeit schlagen, bis sie hell sind. Ein Drittel der heißen Sahnemischung in die Eimischung einrühren und die gesamte Mischung wieder in die Pfanne geben.

j) Bei mittlerer bis hoher Hitze unter ständigem Rühren mit einem Schneebesen 3 bis 5 Minuten kochen, bis die Masse dickflüssig ist. Gießen Sie die eingedickte Mischung über die zurückbehaltene Schokolade und verrühren Sie sie, bis sie eingearbeitet ist.

k) Kratzen Sie die Mischung in die vorbereitete Kruste und glätten Sie die Oberseite mit einem Gummispatel. 2 Stunden im Kühlschrank kalt stellen.

MASCARPONE-TOPPING:

l) In einer 4,5-Liter-Schüssel eines Hochleistungs-Elektromixers mit dem Schneebesenaufsatz Mascarpone, Sahne, Kastanienpüree, Puderzucker und Vanille vermischen.

m) Bei mittlerer bis hoher Geschwindigkeit schlagen, bis sich weiche Spitzen bilden. Geben Sie die Mischung in einen Spritzbeutel mit mittelgroßer Sterntülle und spritzen Sie ein Muschelmuster auf die Oberseite der gekühlten Torte.

n) Stellen Sie die Tarte vor dem Servieren 1 Stunde lang in den Kühlschrank.

23. Schokoladen-Miniaturtörtchen

Ergibt: 50 Portionen

ZUTATEN:
- 2¼ Tassen Allzweckmehl
- ¾ Tasse Margarine
- ⅓ Tasse Puderzucker
- ⅔ Tasse Halbsüße Schokoladenstückchen
- 2 Esslöffel Margarine
- ½ Tasse Zucker
- ½ Tasse Maissirup
- 2 Eier
- ¼ Tasse Pekannüsse, gehackt
- 1 Tasse Getrocknete Kokosnuss

ANWEISUNGEN:
a) Mehl, ¾ Tasse Margarine und Puderzucker mischen. Drücken Sie etwa 1 Teelöffel Teig gleichmäßig auf den Boden und die Seiten ungefetteter kleiner Muffinförmchen.

b) Schokoladenstückchen und 2 Esslöffel Margarine in einem Wasserbad über kochendem Wasser schmelzen, bis die Stückchen und die Margarine geschmolzen sind; Vom Herd nehmen.

c) Zucker und Sirup untermischen; Eier unterrühren.

d) Geben Sie 1 bis 2 Teelöffel der Schokoladenmischung in jede Tortenform und füllen Sie sie nur zu ¾.

e) Mit Pekannüssen und Kokosnuss bestreuen.

f) Im vorgeheizten Ofen bei 350 Grad 20 bis 25 Minuten backen.

g) Einige Minuten abkühlen lassen.

h) Mit der Messerspitze vorsichtig aus den Muffinförmchen lösen. Vollständig abkühlen lassen. Nach Belieben mit gesüßter Schlagsahne belegen.

24. Schokoladen-Trüffel-Tarte mit Himbeeren

Ergibt: 6 Portionen

ZUTATEN:

- 1 Tasse Mehl, Allzweck
- ½ Tasse Zucker, granuliert
- ½ Tasse Kakaopulver
- 3 Unzen Butter; gekühlt
- 1 Eier
- 6 Unzen Halbbitter Schokolade; gehackt
- 2 Tassen Schlagsahne
- 3-4 Tassen Himbeeren

ANWEISUNGEN:
SCHOKOLADENGEBÄCK:

a) Mehl, Zucker und Kakao in der Schüssel einer Küchenmaschine vermischen.

b) Zum Belüften zwei- oder dreimal pulsieren. Butter in Stücke schneiden und auf dem Mehl verteilen.

c) Geben Sie bei laufendem Motor das ganze Ei durch das Einfüllrohr hinein.

d) Sehr kurz verarbeiten – der Teig darf nicht zusammenkommen, sonst wird der Teig zäh.

e) Den Teig aus der Arbeitsschüssel nehmen und bei Zimmertemperatur ruhen lassen, bis die Füllung fertig ist.

TRÜFFELFÜLLUNG:

f) Die gehackte Schokolade in eine mittelgroße Schüssel geben und die Sahne bei mittlerer Hitze zum Kochen bringen.

g) Über die Schokolade gießen und verrühren, bis die gesamte Schokolade geschmolzen ist. Mit Plastikfolie abdecken und im Kühlschrank aufbewahren, bis es sichtbar ist.

h) Heizen Sie den Ofen auf 375F vor. Den Schokoladenteig mit den Händen bearbeiten und in eine Tarteform mit abnehmbarem Boden drücken; Versuchen Sie, eine gleichmäßige Dicke zu erreichen. 20 Minuten kalt stellen. Den Teigboden mit einer Gabel einstechen.

i) Im vorgeheizten Backofen 20 bis 25 Minuten backen. Vollständig abkühlen lassen. AUFTAUEN

MONTAGE:

j) Nehmen Sie die Tarte vorsichtig aus der Form und legen Sie sie auf einen Teller. Die Trüffelfüllung mit einem Löffel in die Schale spritzen und die Oberfläche glatt streichen. Ordnen Sie die Himbeeren in konzentrischen Kreisen darüber an.

25. Cranberry- und weiße Schokoladentorte

Ergibt: 1 Portion

ZUTATEN:

- 2½ Tassen Preiselbeeren; frisch oder gefroren und aufgetaut
- ¼ Tasse Frischer Orangensaft
- ½ Tasse Zucker
- 1 Tasse Gemahlene, blanchierte Mandeln
- 1⅔ Tasse Ungebleichtes Allzweckmehl
- ½ Tasse Zucker
- ½ TL Backpulver
- 1 Teelöffel Zimt
- ¼ Teelöffel Gemahlener Streitkolben
- ½ Pfund Kalte ungesalzene Butter; in 16 Stücke schneiden
- 1 groß Eier
- 1 groß Eigelb
- 1 Teelöffel Vanilleextrakt
- 6 Unzen Weiße Schokolade; gehackt
- Puderzucker; zum Abstauben

ANWEISUNGEN:

a) Preiselbeeren, Orangensaft und Zucker in einem mittelgroßen Topf bei mittlerer Hitze kochen, bis die Mischung kocht.

b) Reduzieren Sie die Hitze auf mittlere bis niedrige Stufe und köcheln Sie unter gelegentlichem Rühren etwa 10 Minuten lang, bis die Flüssigkeit dick und sirupartig wird. Die Cranberry-Mischung wird eine marmeladenartige Konsistenz haben. Etwa 30 Minuten lang gründlich abkühlen lassen. Nach dem Abkühlen wird die Masse zu einer festen Marmelade eindicken.

c) Stellen Sie einen Rost in die Mitte des Ofens und heizen Sie den Ofen auf 350 Grad vor. Eine 9-Zoll-Springform mit Butter bestreichen.

d) In der Schüssel eines Elektromixers Mandeln, Mehl, Zucker, Backpulver, Zimt und Muskatblüte vermischen. Bei niedriger Geschwindigkeit etwa 10 Sekunden lang mixen, um die Zutaten zu vermischen. Fügen Sie die Butter hinzu und verrühren Sie etwa 1

Minute lang, bis die meisten Butterstücke die Größe von Erbsen haben. Die Mischung wird krümelig aussehen und die Größe der Krümel variiert.

e) Bei laufendem Mixer Ei, Eigelb und Vanille hinzufügen. Mischen Sie etwa 30 Sekunden lang, bis die Mischung zusammenklebt und sich vom Schüsselrand löst. Reservieren Sie 1 Tasse der Mischung für den Gitterbelag und stellen Sie sie in den Kühlschrank, während Sie den Boden vorbereiten.

f) Drücken Sie den restlichen Teig gleichmäßig über den Boden und 2,5 cm über die Seiten der vorbereiteten Form. Streuen Sie die weiße Schokolade gleichmäßig über die Kruste. Verteilen Sie die abgekühlte Cranberry-Mischung mit einem dünnen Metallspatel gleichmäßig auf der weißen Schokolade.

g) Den reservierten Teig aus dem Kühlschrank nehmen. Verwenden Sie etwa zwei Esslöffel Teig für die längsten Stränge und weniger für die kürzeren Stränge und rollen Sie Teigstücke hin und her, um Teigstränge mit einem Durchmesser von etwa ½ Zoll zu bilden. Wenn Seile reißen, klemmen Sie sie wieder zusammen.

h) Legen Sie ein 9 Zoll langes Seil über die Mitte der Torte. Platzieren Sie die Seile in einem Abstand von etwa 5 cm und platzieren Sie ein etwa 20 cm langes Seil auf beiden Seiten des Mittelseils. Legen Sie ein etwa 10 cm langes Seil an jedes Ende der Torte. Sie werden 5 Stränge des Teigs über die Oberseite der Torte legen.

i) Drehen Sie die Tarteform eine halbe Umdrehung und legen Sie fünf weitere Seile gleichmäßig über die Torte, um ein Gittermuster zu erhalten. Backen Sie die Tarte etwa 1 Stunde lang, bis die Oberseite goldbraun ist. Die Tarte in der Form gut abkühlen lassen. Vor dem Servieren mit Puderzucker bestreuen.

26. Doppelte Schokoladen-Sahne-Torte

Ergibt: 12 Portionen

ZUTATEN:
- 1 Tasse Allzweckmehl; geteilt
- ¼ Tasse Eiswasser
- 1 EL Vanille; geteilt
- ¾ Tasse ungesüßter Kakao; geteilt
- 2 Esslöffel Zucker
- ¼ Teelöffel Salz
- ¼ Tasse Gemüsefett
- Kochspray
- 14 Unzen Dose fettfreie, gesüßte Kondensmilch
- 6 Unzen ⅓ fettarmer Frischkäse; aufgeweicht
- 1 groß Eier
- 1 groß Eiweiß
- 1½ Tassen Gefrorener, kalorienreduzierter Schlagsahne; aufgetaut
- 1 Unze Halbbitter Schokolade; fein gehackt

ANWEISUNGEN:
a) Backofen auf 350° vorheizen. Kombinieren Sie ¼ Tasse Mehl, Eiswasser und 1 Teelöffel Vanille und rühren Sie mit einem Schneebesen um, bis alles gut vermischt ist. beiseite legen.

b) Kombinieren Sie ¾ Tasse Mehl, ¼ Tasse Kakao, Zucker und Salz in einer Schüssel; Schneiden Sie das Backfett mit einem Teigmixer oder zwei Messern ein, bis die Mischung einer groben Mahlzeit ähnelt.

c) Eiswassermischung hinzufügen; Mit einer Gabel verrühren, bis alles feucht und krümelig ist.

d) Drücken Sie die Mischung vorsichtig in einen 10 cm großen Kreis auf einer robusten Plastikfolie. Mit zusätzlicher Plastikfolie abdecken.

e) Rollen Sie den noch bedeckten Teig zu einem 13-Zoll-Kreis.

f) Legen Sie den Teig für 30 Minuten in den Gefrierschrank oder bis sich die Plastikfolie leicht entfernen lässt.

g) Entfernen Sie die obere Folie der Plastikfolie. Geben Sie den Teig mit der unbedeckten Seite nach unten in eine 25 cm große runde Tarteform mit abnehmbarem Boden, die mit Kochspray bestrichen ist.

h) Entfernen Sie die restliche Plastikfolie. Kanten falten.

i) Den Boden und die Seiten des Teigs mit einer Gabel einstechen; 4 Minuten bei 350° backen.

j) Auf einem Kuchengitter abkühlen lassen. Stellen Sie die Tarteform auf ein Backblech. beiseite legen.

k) ½ Tasse Kakao und Milch bei mittlerer Geschwindigkeit eines Mixers verrühren, bis alles gut vermischt ist.

l) Käse hinzufügen; Gut schlagen. Fügen Sie 2 Teelöffel Vanille, Ei und Eiweiß hinzu; schlagen, bis alles glatt ist.

m)   Die Mischung in die Kruste gießen; 25 Minuten bei 350° backen oder bis es fest ist.

n) Den geschlagenen Belag auf der Tarte verteilen. Mit gehackter Schokolade bestreuen.

27. Flauschige Schokoladentorte

Ergibt: 12 Portionen

ZUTATEN:

- 8 Unzen bittersüße Schokolade; in Stücke gebrochen
- ⅓ Tasse Margarine oder Butter
- 2 groß Eier; bei Raumtemperatur
- 1 Teelöffel Vanilleextrakt
- ⅓ Tasse Kristallzucker
- ¾ Tasse Allzweckmehl
- ¼ Teelöffel Salz
- 4 Unzen Mascarpone; bei Raumtemperatur

ANWEISUNGEN:

a) Dieses herrlich reichhaltige festliche Dessert hat eine Brownie-ähnliche Textur, akzentuiert durch süßen, cremigen Mascarpone-Käse.

b) Ofen vorheizen auf 350 Grad. Eine 9-Zoll-Tarteform mit abnehmbarem Boden einfetten; beiseite legen.

c) In einem kleinen, schweren Topf Schokolade und Margarine bei schwacher Hitze schmelzen und dabei häufig umrühren. Vom Herd nehmen.

d) In einer Schüssel Eier und Vanille mit einem Elektromixer 30 Sekunden lang bei mittlerer Geschwindigkeit schlagen. Nach und nach Zucker einrühren; 1 Minute schlagen. Die Schokoladenmischung unterrühren und dabei einmal an den Rändern der Schüssel abkratzen. Mehl und Salz bei niedriger Geschwindigkeit unterrühren, bis alles gut vermischt ist. Den Teig gleichmäßig in der vorbereiteten Form verteilen.

e) Den Käse in eine Schüssel geben und mit einer Gabel gut umrühren. Geben Sie einen Teelöffel davon nach dem Zufallsprinzip auf die Oberfläche des Schokoladenteigs. Mit einem scharfen Messer die Käsemischung in die Schokoladenmischung einrühren, um einen Marmorierungseffekt zu erzielen.

f) 20 bis 25 Minuten backen, bis die Mitte gerade fest ist. Nehmen Sie die Pfanne vom Gitter und lassen Sie sie vollständig abkühlen.

Decken Sie die Torte mit Plastikfolie ab. In einen großen Gefrierbeutel aus Plastik geben und vor dem Servieren bis zu 6 Wochen einfrieren.

g) Bei Raumtemperatur vollständig auftauen. Aus der Tarteform nehmen.

h) In Spalten schneiden und servieren.

28. Frisches Obst und Schokoladentorte

Ergibt: 8 Portionen

ZUTATEN:
- 1¼ Tassen Mehl
- 4 Unzen Butter kleben; aufgeweicht
- 3 Esslöffel Zucker
- 1 Teelöffel Vanilleextrakt
- ¼ Tasse Pekannüsse oder Walnüsse fein gehackt
- 1 Tasse Milchschokoladenstückchen
- ⅓ Tasse Sauerrahm
- Frisches Obst der Saison
- 3 Esslöffel Aprikose oder kernlos
- Himbeermarmelade

ANWEISUNGEN:
a) Ofen auf 400 °F vorheizen.
KRUSTE
In einer Schüssel Mehl, Butter, Zucker, ½ Teelöffel Vanille und Pekannüsse vermischen. Mit einer Gabel verrühren, bis die Mischung feinen Krümeln ähnelt. Kneten, bis der Teig zusammenhält.
b) Drücken Sie den Teig fest und gleichmäßig auf den Boden und die Seiten einer geriffelten 9½-Zoll-Tarteform aus Metall mit abnehmbarem Boden.
c) 14 bis 16 Minuten backen oder bis es goldbraun ist. Etwas cool.
FÜLLUNG
d) Erhitzen Sie in einem 2-Tassen-Glasmessbecher die Schokoladenstückchen etwa 1 Minute lang in der Mikrowelle auf höchster Stufe oder bis sie unter Rühren vollständig geschmolzen und glatt sind. Sauerrahm und den restlichen ½ Teelöffel Vanille unterrühren.
e) Die Füllung gleichmäßig auf der abgekühlten Kruste verteilen. 2 bis 3 Stunden oder über Nacht im Kühlschrank lagern.
f) Etwa eine Stunde vor dem Servieren Pfirsiche, Nektarinen, Kiwis oder Melonen in Scheiben oder Halbmonde schneiden; Lassen Sie

die Früchte auf Papiertüchern abtropfen, wenn sie sehr saftig sind. In konzentrischen Kreisen oder anderen Mustern auf der Schokoladenfüllung anordnen.

g) Mit Weintrauben und Beeren auffüllen, bis die Oberfläche vollständig mit Früchten bedeckt ist. Die Marmelade in der Mikrowelle oder bei schwacher Hitze erwärmen, bis sie geschmolzen ist. Die Früchte mit Marmelade bestreichen. Bis zum Servieren kühl stellen.

h) Entfernen Sie kurz vor dem Servieren den Rand der Form und legen Sie die Tarte auf eine Servierplatte.

29. Pikante Schokoladentorte

Ergibt: 1 Portion

ZUTATEN:
- 1 Tasse Ungebleichtes Allzweckmehl
- 2 Esslöffel Kakaopulver
- ¼ Tasse Zucker
- 1 Prise Salz
- ½ TL Backpulver
- 4 Esslöffel Ungesalzene Butter
- 1 groß Eier
- ⅓ Tasse Wasser
- ⅓ Tasse Zucker
- ½ Ungesalzene Butter aufkleben
- 6 Unzen halbsüße Schokolade
- 3 groß Eier
- 1 Teelöffel Zimt
- ½ TL Gemahlene Nelken

ANWEISUNGEN:
a) Für den Teig: Mehl in eine Schüssel geben und das Kakaopulver darüber sieben. Zucker, Salz und Backpulver einrühren. Die Butter fein einreiben und die Mischung kühl und pudrig lassen. Das Ei verquirlen und unter den Teig rühren. Den Teig zusammendrücken, einwickeln und abkühlen lassen.

b) Heizen Sie den Backofen auf 350 Grad vor und stellen Sie den Rost in das untere Drittel des Ofens. Den Teig auf einer bemehlten Arbeitsfläche ausrollen und eine gebutterte 25 cm große Tarteform damit auslegen. Beiseite legen.

c) In einem Topf bei mittlerer Hitze Zucker und Wasser zum Kochen bringen. Butter hinzufügen und weiter erhitzen, bis die Butter schmilzt. Fein geschnittene Schokolade unterrühren. Eier mit Gewürzen verquirlen, dann eine Schokoladenmischung unterrühren. In die Tarteform gießen.

d) Etwa 30 Minuten backen, bis der Teig gut aufgegangen und fest ist. Auf einem Gestell abkühlen lassen.

e) Die Tarte aus der Form lösen und mit gesüßter Schlagsahne servieren.

30. Erdbeer-Mousse-Tarte aus weißer Schokolade

Ergibt: 8 Portionen

ZUTATEN:
GEBÄCK:
- 1¾ Tassen Ungebleichtes Mehl
- ¼ Tasse Fest verpacktes Hellbraun Zucker
- 2½ Teelöffel Orangenschale, gerieben
- ⅛ Teelöffel Salz
- 1¾ Sticks ungesalzene Butter
- 1½ Esslöffel Frischer Orangensaft
- 1 Eigelb
- 1 Teelöffel Vanilleextrakt
- 2 Unzen weiße Schokolade

MOUSSE:
- 6 Unzen weiße Schokolade
- ¼ Tasse Schlagsahne
- 1 groß Eiweiß
- 1 EL Zucker
- ½ Tasse Schlagsahne, geschlagen
- 2 Esslöffel Grand Marnier
- 1 groß Erdbeeren, mit Stiel
- 25 groß Erdbeeren, entkernt
- ½ Tasse Erdbeerkonfitüre

ANWEISUNGEN:

a) Für den Teig: Die ersten 4 Zutaten in einer Schüssel vermischen. Fügen Sie Butter hinzu und schneiden Sie die Mischung hinein, bis eine feine Mahlzeit entsteht. Orangensaft mit Eigelb und Vanille verrühren. Fügen Sie genügend Saftmischung hinzu, um die Zutaten zu trocknen und eine Kugel zu formen, die sich zusammenfügt.

b) Formen Sie den Teig zu einer Kugel und drücken Sie ihn zu einer etwa 30 cm großen Runde flach.

c) Stellen Sie den Rost in die Mitte des Ofens und heizen Sie ihn auf 375 Grad vor.

d) Rollen Sie den Teig zwischen Frischhaltefolie auf eine Dicke von ⅛ Zoll aus. Auf einen 11-Zoll-Kreis zuschneiden.

e) Entfernen Sie die Plastikfolie von der Oberseite und stürzen Sie sie in eine 25 cm große runde Springform mit abnehmbarem Boden. Entfernen Sie die Plastikfolie und drücken Sie sie auf den Boden und die Oberseite der Pfanne. Drücken Sie die Oberkanten zusammen.

f) 15 Minuten einfrieren. Den Tortenboden mit Alufolie auslegen und Kuchengewichte oder Bohnen hinzufügen.

g) Backen, bis die Seiten fest sind – etwa 10 Minuten.

h) Folie und Gewichte entfernen. Kruste goldbraun backen – etwa 16–20 Minuten.

i) Streuen Sie zwei Unzen weiße Schokolade über die heiße Kruste. Etwa 1 Minute lang leicht stehen lassen.

j) Mit der Rückseite eines Löffels Schokolade auf dem Boden und an den Seiten verteilen.

k) Zum Abkühlen auf ein Gestell geben.

31. Schwedische Königstörtchen mit Schokoladendessert

Ergibt: 6 Portionen

ZUTATEN:

- 2¼ Tassen Pillsburys bestes Allzweckmehl
- ½ Tasse Zucker
- ⅓ Tasse Kakao
- ½ TL Doppelt wirkendes Backpulver
- ½ TL Salz
- ¾ Tasse Butter
- 1 Eier; leicht geschlagen
- 1 EL Milchfüllung
- 1 Eier
- ¼ Tasse Zucker
- ¼ Tasse Pillsburys bestes Allzweckmehl
- 1 Tasse Milch
- 1 Teelöffel Französische Vanille
- ½ Tasse Schlagsahne -Für Schokoladenfüllung---
- 3 Esslöffel Kakao
- 3 Esslöffel Zucker -Schokoladenglasur---
- 2 Esslöffel Butter; geschmolzen
- 2 Esslöffel Kakao
- ½ Tasse Puderzucker
- 1 Eigelb
- ¼ Teelöffel Französische Vanille

ANWEISUNGEN:

a) 12 bis 15 Minuten bei 375 Grad backen.

b) Mehl, Zucker, Kakao, Backpulver und Salz vermischen.

c) Butter einschneiden, bis die Partikel die Größe kleiner Erbsen haben.

d) Fügen Sie 1 leicht geschlagenes Ei und 1 zwei Esslöffel Milch hinzu; Mit einer Gabel oder einem Teigmixer vermischen.

e) Auf ein großes, ungefettetes Backblech legen.

f) Auf einem Backblech mit einem bemehlten Nudelholz ein 38 x 27 cm großes Rechteck ausrollen .

g) Schneiden Sie die Kanten mit einem Messer oder einem Teigrädchen ab. In drei 11 x 5 Zoll große Rechtecke schneiden.

h) Im mäßigen Ofen bei 375 Grad 12 bis 15 Minuten backen.

i) Auf dem Backblech abkühlen lassen. Mit einem Spatel vorsichtig lösen.

j) Stapeln Sie Schichten auf mit Aluminiumfolie bedecktem Karton und verteilen Sie die Füllung zwischen den Schichten bis auf einen Abstand von ¼ Zoll zum Rand.

k) Frostoberteil. Nach Belieben mit gerösteten Mandelblättchen dekorieren. Kühlen, bis der Zuckerguss fest geworden ist.

l) Locker in Alufolie einwickeln; über Nacht kalt stellen.

FÜLLUNG:

m)   1 Ei schaumig schlagen.

n) Nach und nach Zucker hinzufügen und dabei ständig schlagen, bis die Masse dick und leicht ist. Mehl unterrühren.

o) Geben Sie nach und nach die im Wasserbad überbrühte Milch hinzu.

p) Geben Sie die Mischung wieder in den Wasserbad zurück. Über kochendem Wasser unter ständigem Rühren kochen, bis es dick und glatt ist. Vanille hinzufügen; Cool.

q) ½ Tasse Schlagsahne dick schlagen und unter die Füllung heben.

r) Kombinieren Sie ½ Tasse Schlagsahne, Kakao und Zucker. Schlagen, bis es dick ist.

SCHOKOLADENGLASUR:

s) Zerlassene Butter, Kakao, Puderzucker, Eigelb und Vanille vermischen. Schlagen, bis alles glatt ist.

32. Weiße Schokoladen-Bananen-Creme-Torte

Ergibt: 8 Portionen

ZUTATEN:
- ½ Tasse ungesalzene Butter, Zimmertemperatur
- 6 Esslöffel Zucker
- 1 groß Eier
- 1 Tasse Plus 6 T Allzweckmehl
- 3 groß Eigelb
- 2 Esslöffel Zucker
- 2 Esslöffel Maisstärke
- 1 Tasse Milch
- ½ Vanilleschote längs aufschneiden
- 3 Unzen Importierte weiße Schokolade, fein gehackt
- 1 EL Ungesalzene Butter
- ½ Tasse Gekühlte Schlagsahne
- 3 Bananen, geschält
- 1½ Esslöffel Bananenlikör
- 1 EL Frischer Zitronensaft
- 4 Unzen Importierte weiße Schokolade, mit einem Gemüseschäler gehobelt

ANWEISUNGEN:
GEBÄCK:
a) Mit einem Elektromixer Butter und Zucker in einer Schüssel verrühren, bis alles gut vermischt ist.

b) Eier hinzufügen; schlagen, bis alles vermischt ist. Mehl hinzufügen und 2 Minuten schlagen.

c) Den Teig zu einer Kugel formen und zu einer Scheibe flach drücken.

d) In Plastikfolie einwickeln und 3 Stunden im Kühlschrank lagern.

e) Ofen auf 375°F vorheizen. Den Teig auf einer bemehlten Arbeitsfläche zu einem Kreis mit einem Durchmesser von 30 cm ausrollen.

f) In eine Tarteform mit 9 Zoll Durchmesser und abnehmbarem Boden füllen.

g) Schneiden Sie die Kruste ab und lassen Sie einen ¼-Zoll-Überstand übrig. Teigreste aufbewahren.

h) Falten Sie die Kanten über zwei doppelt dicke Seiten. 15 Minuten einfrieren. Den Teig mit Folie auslegen.

i) Mit getrockneten Bohnen oder Kuchengewichten füllen. 15 Minuten backen. Folie und Bohnen entfernen.

j) Eventuelle Risse mit zurückgebliebenen Teigresten ausbessern. Etwa 20 Minuten goldbraun backen.

k) Vollständig abkühlen lassen.

FÜLLUNG:

l) Eigelb, Zucker und Maisstärke in einer Schüssel verquirlen, bis alles gut vermischt ist.

m) Milch in einen schweren Topf gießen. Die Samen der Vanilleschote herausschaben; Bohnen hinzufügen.

n) Bringen Sie die Mischung zum Kochen.

o) Die Milchmischung in die Eimischung einrühren.

p) Die Mischung wieder in denselben Topf geben und unter ständigem Rühren zum Kochen bringen. In eine Schüssel abseihen.

q) Fügen Sie 3 Unzen gehackte weiße Schokolade und Butter hinzu; rühren, bis es geschmolzen ist. Abdecken und mindestens 3 Stunden kalt stellen.

r) Sahne in einer Schüssel steif schlagen. Unter die weiße Schokoladen-Gebäckcreme heben. Schneiden Sie die Bananen in ¼ Zoll dicke Scheiben.

s) In eine Schüssel geben; Likör und Zitronensaft hinzufügen und vermischen. Bananen unter die Gebäckcreme heben. Die Füllung mit einem Löffel in die Tortenform geben und in der Mitte einen Hügel bilden.

t) Mit Schokoladenspänen belegen. Mindestens 1 Stunde und bis zu 6 Stunden kalt stellen.

33. <u>Abgefahrene dunkle Schokoladentorte</u>

Ergibt: 1 Portion

ZUTATEN:

- 250 Gramm ungesalzene Butter
- 125 Gramm Vanillezucker
- 250 Gramm einfaches Mehl
- 125 Gramm Grieß
- 180 Gramm dunkle Bitterschokolade
- 5 Esslöffel Cognac
- 4 Eier
- 3 Esslöffel Maismehl
- 400 Gramm Puderzucker
- 600 Milliliter Einzelcreme
- 1 Vanilleschote
- 125 Gramm ungesalzene Butter

ANWEISUNGEN:

a) Heizen Sie den Ofen auf 180 °C/Gas vor. 4. Bereiten Sie den Shortcake vor. Butter und Vanillezucker in einer Schüssel schaumig rühren.

b) Mehl und Grieß mischen. Nach und nach zur Butter geben, bis ein krümeliger Teig entsteht. Den Teig vorsichtig und sanft kneten, bis er sich verbindet und die Oberfläche glatt ist. Dünn ausrollen, um 6 10 cm große Törtchenformen mit losem Boden auszukleiden. Stichbasen. Eine Stunde lang gut kühlen. Mit Folie und Backbohnen auslegen.

c) Die Teigförmchen etwa 20 Minuten im vorgeheizten Backofen blind backen, bis sie durchgebacken sind. Bohnen und Folie entfernen und bei Bedarf im Ofen weiter trocknen. Bereiten Sie die Schokoladenfüllung vor. Brechen Sie die Schokolade in Quadrate. In eine Schüssel über einem Topf mit Wasser oder einem Wasserbad geben. Cognac zur Schokolade hinzufügen.

d) Vorsichtig erhitzen, bis die Schokolade geschmolzen ist. Eier in einer Schüssel verquirlen. Maismehl und Zucker untermischen und bei Bedarf etwas Sahne hinzufügen.

e) Restliche Sahne in einem Topf mit Vanilleschoten erhitzen, bis sie fast kocht.

f) Heiße Sahne unter die verrührte Eimasse rühren.

g) Spülen Sie den Sahnetopf mit kaltem Wasser aus. Geben Sie die Mischung zurück und fügen Sie geschmolzene Schokolade hinzu. Unter ständigem Rühren vorsichtig kochen, bis die Mischung eindickt und das Maismehl gar ist. Probieren Sie die Mischung, um sicherzustellen, dass sie nicht mehlig ist. Dies dauert zwischen 6 und 8 Minuten. Entfernen Sie die Vanilleschote.

h) Füllung leicht abkühlen lassen. Butter weich machen und abkühlen lassen. Weiche Butter unter die Schokoladenfüllung schlagen. In die gekühlten Törtchen füllen und fest werden lassen.

i) Nach dem Erkalten Schokoladenblätter mit etwas geschmolzener Schokolade zubereiten und damit die Törtchen dekorieren.

MEERESFRÜCHTARTEN

34. Meeresfrüchte-Törtchen aus Alaska

Ergibt: 6 Portionen

ZUTATEN:

- 418 Gramm rosa Alaska-Lachs in Dosen
- 350 Gramm Päckchen Filoteig
- 3 Esslöffel Walnussöl
- 15 Gramm Margarine
- 25 Gramm einfaches Mehl
- 2 Esslöffel griechischer Joghurt
- 175 Gramm Meeresfrüchte-Sticks; gehackt
- 25 Gramm Walnüsse, gehackt
- 100 Gramm geriebener Parmesan ODER geriebener Cheddar-Käse

ANWEISUNGEN:

a) Backofen auf 80 °C (350 °F) vorheizen, Gasstufe 4. 8 einzelne Kuchenformen oder ofenfeste Puddingschalen leicht einfetten.

b) Lassen Sie die Dose Lachs abtropfen und füllen Sie den Saft mit Wasser für die Fischbrühe auf 200 ml auf. Den Lachs in Stücke schneiden. Beiseite legen.

c) Jedes Filoteigblatt mit Öl bestreichen und in sechzehn 12,5 cm große Quadrate falten. Legen Sie in jede Kuchenform ein Quadrat und lassen Sie die spitzen Ecken über den Rand hinausragen.

d) Mit Öl bestreichen und dann ein zweites Quadrat des Teigs auf das erste legen, wobei die Ecken nach oben zeigen und zwischen den Originalecken liegen, um einen Seeroseneffekt zu erzeugen. Bestreichen Sie die Spitzen gut mit Öl und backen Sie sie dann 5 Minuten lang, damit sie fest werden, aber nicht braun werden. Nehmen Sie es aus dem Ofen.

e) Reduzieren Sie die Ofentemperatur auf 150 °C (300 °F), Gasstufe 2. Schmelzen Sie die Margarine und rühren Sie das Mehl ein. Die Fischbrühe untermischen und gut durchrühren, um Klümpchen zu entfernen. Joghurt, Meeresfrüchte-Sticks, Walnüsse und Lachsflocken unter die Soße rühren und gleichmäßig auf die 8 Teigförmchen verteilen.

f) Streuen Sie die Semmelbrösel darüber und stellen Sie es dann wieder in den Ofen, um es 5–8 Minuten lang zu erhitzen, oder bis der Käse und der Teig goldbraun geworden sind. Sofort servieren.

35. Langusten- und würzige Käsetarte

Ergibt: 6 Portionen

ZUTATEN:
- 1 hausgemachter oder zubereiteter einfacher Tortenteig, gekühlt
- 3 EL Butter
- ¼ Tasse gewürfelte rote Paprika
- ½ Tasse gewürfelte Zwiebeln
- 3 EL Fluorid
- 1 Pfund Langustenschwänze
- 1 Tasse geriebener Peperoni-Monterey-Jack-Käse
- 2 Esslöffel gehackte Frühlingszwiebeln
- 1 Salz; zwei Schlüssel
- 1 Cayennepfeffer; zwei Schlüssel

ANWEISUNGEN:
a) Ofen vorheizen auf 350 Grad. Den Teig auf einer bemehlten Arbeitsfläche zu einem 10-Zoll-Kreis ausrollen. Auf ein großes, leicht gefettetes Backblech legen.

b) In einer Bratpfanne Butter schmelzen. Wenn es zu schäumen beginnt, rote Paprika und Zwiebeln hinzufügen und 2 Minuten kochen lassen. Mehl hinzufügen und unter Rühren 3 Minuten kochen lassen. Langusten hinzufügen und weitere 2 Minuten kochen lassen. Vom Herd nehmen und Käse und Frühlingszwiebeln unterheben.

c) Mit Salz und Cayennepfeffer abschmecken. Die Langustenmischung in der Mitte des Teigkreises aufhäufen, so dass ein Rand von 2 bis 3 Zoll frei bleibt. Falten Sie den überschüssigen Teig über die Füllung und legen Sie ihn schichtweise darüber, aber bedecken Sie die Füllung nicht vollständig. Arbeiten Sie um den Kreis herum und falten Sie die vorherige Falte weiter, bis eine rustikale, frei geformte Torte entsteht.

d) Schieben Sie das Backblech in den Ofen und backen Sie es 35 Minuten lang.

36. Jakobsmuscheln und Blauschimmelkäse-Tarte

Ergibt: 1 Portion

ZUTATEN:
- 6 groß Jakobsmuscheln
- 8 rote Zwiebeln
- 6 Unzen Blauer Käse
- 2 Unzen Mascarpone-Käse
- 1 Eigelb
- 4 Unzen Spinatblätter
- Essig
- Zucker
- Rotwein
- Petersilie

ANWEISUNGEN:
a) Um dieses Gericht zuzubereiten, müssen Sie zuerst die Zwiebeln kochen.

b) Schneiden Sie sie dazu in dünne Scheiben und kochen Sie sie in etwas Olivenöl. Mit dem Essig etwa 30 Minuten lang langsam kochen.

c) Rollen Sie den Teig aus und legen Sie eine gefettete Form mit dem dünnen Teig aus, bevor Sie die Füllung zubereiten. Für die Füllung Mascarpone und Blauschimmelkäse mit Eigelb und Gewürzen vermischen.

d) Den Teig im heißen Ofen blind backen. Herausnehmen und mit der Mischung und den in Scheiben geschnittenen Jakobsmuscheln füllen. Im Ofen backen und aus der Form nehmen. Mit der Zwiebelmarmelade als Beilage servieren.

37. Cremige Räucherlachs-Dill-Tarte

Ergibt: 6 Portionen

ZUTATEN:
- 5 Blatt-Phyllo – aufgetaut
- 3 Esslöffel Ungesalzene Butter – geschmolzen
- 4 groß Eigelb
- 1 EL Dijon-Senf – PLUS 1 Teelöffel
- 3 groß Eier
- 1 Tasse Halb und halb
- 1 Tasse Schlagsahne
- 6 Unzen Geräucherter Lachs – gehackt
- 4 Frühlingszwiebeln – gehackt
- ¼ Tasse Dill – frisch, gehackt ODER 1 T. getrocknetes Dillkraut
- Dillzweige

ANWEISUNGEN:
a) Eine tiefe Tortenplatte mit einem Durchmesser von 9½ Zoll großzügig mit Butter bestreichen.

b) Legen Sie 1 Phyllo-Blatt auf die Arbeitsfläche.

c) Bestreichen Sie das Phyllo-Blatt mit Butter und falten Sie es der Länge nach in zwei Hälften. Die gefaltete Oberfläche mit Butter bestreichen.

d) Quer halbieren. Legen Sie 1 Phyllo-Rechteck mit der gebutterten Seite nach unten auf den vorbereiteten Tortenteller, bedecken Sie den Boden und lassen Sie den Teig ½ Zoll über den Rand hinausragen.

e) Die Oberfläche des Phyllo auf einem Tortenteller mit Butter bestreichen. Legen Sie das zweite Phyllo-Rechteck auf einen Tortenteller, bedecken Sie den Boden und lassen Sie den Teig etwa ½ Zoll über den Rand hinausragen. Mit Butter bestreichen.

f) Wiederholen Sie den Vorgang mit den restlichen 4 Phyllo-Blättern und achten Sie darauf, dass die gesamte Oberfläche des Randes bedeckt ist, um die Kruste zu bilden.

g) Falten Sie den Überstand nach unten, sodass ein Krustenrand entsteht, der bündig mit dem Rand des Tortentellers abschließt.

h) Krustenränder mit Butter bestreichen.

i) Ofen auf 350F vorheizen. Eigelb und Senf in einer Schüssel verquirlen.

j) Eier zur Hälfte, Sahne, Lachs, Zwiebeln und gehackten Dill unterrühren.

k) Mit Salz und Pfeffer abschmecken. In die vorbereitete Kruste gießen.

l) Backen, bis die Mitte fest ist, etwa 50 Minuten.

m) In das Rack übertragen. Cool. Mit Dillzweigen garnieren und leicht warm oder bei Zimmertemperatur servieren.

38. Norwegische Lachstörtchen

Ergibt: 12 Portionen

ZUTATEN:

- 10 Esslöffel Butter
- 2 Tassen Mehl
- Wasser; kalt
- 1 EL Butter
- 1 groß Zwiebel; gehackt
- 1 Tasse Pilze; geschnitten
- ½ Tasse Sauerrahm
- 1 Pfund Lachsfilet
- 2 Eier; leicht geschlagen
- 2 Teelöffel Dill; frisch, gehackt
- Salz
- Pfeffer
- 1 Eiweiß; leicht geschlagen
- 1 Tasse Sauerrahm
- 2 Teelöffel Schnittlauch; gehackt
- 1 Teelöffel Dill; frisch, gehackt
- 1 Schuss Knoblauchpulver

ANWEISUNGEN:

a) Butter mit einem Teigmixer in das Mehl zerkleinern und nach und nach Wasser hinzufügen, bis ein fester Teig entsteht.

b) Für 12 Törtchen ausrollen und die obere und untere Kruste ausschneiden.

c) In einer Pfanne Butter schmelzen, Zwiebeln hinzufügen und anbraten.

d) Pilze und Sauerrahm hinzufügen; Fünf Minuten köcheln lassen und abkühlen lassen.

e) In der Zwischenzeit den Fisch pochieren oder dämpfen, bis er leicht zerfällt. Fisch und Flocken in einer Schüssel abtropfen lassen.

f) Ganze Eier und Dill mit Fisch vermischen.

g) Mit Salz und Pfeffer abschmecken.

h) Mischen Sie die Fisch- und Pilzmischungen und löffeln Sie sie in die unteren Krusten. Den zweiten Boden darauflegen und die Ränder zusammendrücken, um sie zu verschließen.

i) Die oberen Krusten und Ränder mit Eiweiß bestreichen.

j) Krusten für Dampfentlüftungen einstechen. 10 Minuten bei 200 °C backen, oder bis die Kruste goldbraun ist.

k) Sauerrahm und Gewürze verrühren. Geben Sie vor dem Servieren einen Löffel zu jeder Torte.

39. Kleine Törtchen mit geräuchertem Lachs

Ergibt: 6 Portionen

ZUTATEN:
- 1¾ Tassen Allzweckmehl
- ¼ Teelöffel Weingut Salt John Culbertson.
- 8 Esslöffel Butter
- ¼ Tasse Kaltes Wasser

ANWEISUNGEN:
a) Mehl, Salz und Butter in die Schüssel einer Küchenmaschine geben.

b) So lange verarbeiten, bis der Teig einer Mahlzeit ähnelt.

c) Wasser hinzufügen und verarbeiten, bis der Teig auf dem Messer eine Kugel bildet.

d) Rollen Sie den Teig ¼ Zoll dick aus und schneiden Sie ihn in 2 Zoll große Runden. Miniatur-Tarteformen mit den Teigrunden auslegen.

e) Füllung: 4 Unzen geräucherter Lachs, 5 Unzen Gruyère-Käse, fein gerieben, 4 Eier, geschlagen, 1½ Tassen Milch, ½ Tasse Schlagsahne, ¼ Teelöffel Salz, ¼ Teelöffel Pfeffer

f) Tupfen Sie die Räucherlachsscheiben mit einem Papiertuch ab, um überschüssige Feuchtigkeit zu entfernen, und schneiden Sie die Scheiben dann in 2,5 cm große Streifen.

g) Den Lachssplitter auf die Tortenschalen verteilen und den Käse darüber streuen.

h) Eier, Milch und Sahne mit Salz und Pfeffer vermischen und in jede Tortenform gießen.

i) Backen Sie die Törtchen im vorgeheizten Ofen bei 200 Grad Celsius etwa 15 Minuten lang.

j) Kontrollieren Sie beim Backen immer wieder, da die Törtchen klein sind und viel weniger Zeit in Anspruch nehmen als größere Törtchen.

40. Festliche Garnelentörtchen

Ergibt: 48 Portionen

ZUTATEN:
- 2 Gebäckstücke für Kuchen oder Tortenböden mit doppeltem Boden.
- 1 Tasse Milch
- 1 Packung Frischkäse , gewürfelt
- 4 Eier, leicht geschlagen
- 1 Dose Babygarnelen, abgetropft oder frisch.
- 2 Esslöffel Getrockneter Schnittlauch
- ¼ Tasse Fein gehackter roter Pfeffer
- Salz und Pfeffer nach Geschmack
- Frisches Dillkraut zum Garnieren

ANWEISUNGEN:
a) Aus dem Teig 48 kleine Tortenböden zubereiten. Milch bei schwacher Hitze erhitzen; Fügen Sie Frischkäsewürfel hinzu und rühren Sie, bis sie glatt geschmolzen sind.

b) Nach und nach die Käsemischung zu den Eiern geben; Restliche Zutaten außer Dillkraut unterrühren. In jede Tortenschale 1 Esslöffel Füllung geben.

c) Bei 350 F 20-25 Minuten backen oder bis es fest ist. Mit reservierten Garnelen und Dillkraut garnieren. Ergibt: 48 kleine oder 24 mittelgroße Törtchen.

d) Vor dem Servieren garnieren.

41. Garnelen- , Zwiebel- und Tomatentarte

Ergibt: 1 Portion

ZUTATEN:
- 18 groß Garnele
- 10 Zerdrückte Knoblauchzehen
- 1 Prise Safran
- 1 Tasse Olivenöl
- 6 Zwiebeln
- 8-Unzen-Dose geschälte Tomaten
- 2 Sardellen
- ¼ Tasse Kalamata-Oliven
- 4 Zweig Thymian
- 1 Blätterteigblätter
- 2 Kopffrisée
- 6 Bündel Mache

ANWEISUNGEN:
a) Einen Tag vor der Zubereitung dieses Gerichts marinieren Sie Garnelen in einer Mischung aus 4 zerdrückten Knoblauchzehen, schwarzem Pfeffer, ½ Tasse Olivenöl und 1 Prise Safran. Über Nacht kühl stellen.

b) Für die Marmelade Zwiebeln schälen, halbieren und in dünne Scheiben schneiden.

c) In einem Topf bei schwacher Hitze mit 2 Esslöffeln Öl die Zwiebeln glasig dünsten.

d) Die Tomaten abgießen, entkernen, grob hacken und zu den Zwiebeln geben.

e) Gehackte Sardellen, gehackte Oliven und Thymian hinzufügen und 3 Stunden lang bei sehr schwacher Hitze unter häufigem Rühren kochen.

f) In der Zwischenzeit 6 Runden Blätterteig mit einem Durchmesser von etwa 8,9 cm ausstechen.

g) Auf ein Backblech legen, mit einem zweiten Blech abdecken und im Ofen bei 350 Grad 6 Minuten backen.

h) Bereiten Sie das Frisée vor, indem Sie das Grün des Salats abschneiden und nur den weißen Teil verwenden. Frisée hacken und gut waschen, aufbewahren.

i) Erhitzen Sie in einer großen Bratpfanne bei mittlerer bis hoher Hitze ¼ Tasse Oliven, bis sie heiß sind, und kochen Sie die Garnelen darin, bis sie rosa und gewellt sind.

j) Die Tomatenmarmelade auf jede Tortenplatte geben und 5 Minuten im Ofen erwärmen. Das Frisée mit etwas Olivenöl, Salz und Pfeffer würzen.

k) Nehmen Sie die Tarte aus dem Ofen, legen Sie sie auf einen Teller, bestreichen Sie die Tarte mit etwas Frisée und bedecken Sie sie mit Garnelen.

l) Mit den Maché-Salatblättern garnieren.

m) Die Tarte mit Olivenöl beträufeln und servieren.

42. Krabbencocktail-Törtchen

Ergibt: 20 Vorspeisen

ZUTATEN:

- 1 15-Unzen-Pkg. gekühlte Tortenböden
- Fein gehackter Blattsalat
- 1 12-Unzen-Pkg. gefrorene kleine gekochte Garnelen, aufgetaut, abgespült, abgetropft
- Cocktail Sauce

ANWEISUNGEN:

a) Den Ofen auf 450 °F vorheizen. Lassen Sie beide Tortenbodenbeutel 15 bis 20 Minuten bei Raumtemperatur stehen.

b) Falten Sie jede Kruste auseinander. Entfernen Sie die obere Plastikfolie.

c) Faltlinien ausdrücken. Drehen Sie die verbleibende Plastikfolie um und entfernen Sie sie. Schneiden Sie aus jeder Kruste etwa zehn Zentimeter große Kreise aus.

d) Platzieren Sie Kreise auf der Rückseite von Miniatur-Muffinförmchen.

e) Drücken Sie 4 oder 5 gleichmäßig verteilte Falten an den Seiten des Körbchens zusammen.

f) Mit einer Gabel großzügig einstechen. Bei 450 °F 9 bis 13 Minuten backen oder bis es leicht goldbraun ist. Vollständig abkühlen lassen; Aus den Muffinförmchen nehmen.

g) In jede Tortenschale eine kleine Menge gehackten Salat geben. Garnelenstücke über die Salatschicht geben.

h) Mit einer kleinen Menge Cocktailsauce belegen.

NUSSTARTEN

43. Mandeltarte

Ergibt: 8 Portionen

ZUTATEN:
- Gebäck
- ½ Tasse Sahne
- ⅓ Tasse Zucker
- 1 Teelöffel geriebene Orangenschale
- ¼ Teelöffel Mandelextrakt
- 1 Tasse Mandelscheiben
- Schlagsahne zum Garnieren
- Himbeeren bleiben erhalten

ANWEISUNGEN:
a) Mindestens 2 Mehle vor der Zubereitung der Torte für den Teig verwenden.

b) Wenn der Teig abgekühlt ist, heizen Sie den Ofen auf 375 °F vor. Rollen Sie den Teig zwischen bemehlten Wachspapierblättern zu einer 27 cm großen Runde aus. Passt in eine geriffelte 9-Zoll-Tarteform mit abnehmbarem Boden.

c) Schneiden Sie den Teig bündig mit dem Rand der Form ab.

d) Den Boden und die Seiten des Teigs durchstechen.

e) Stellen Sie die Tarteform auf das Backblech mit Rand. Den Teigmantel mit Alufolie auslegen und mit Tortengewichten füllen. 8 Minuten backen; Nehmen Sie die Pfanne aus dem Ofen und heben Sie die Folie und die Gewichte heraus. Den Teig wieder in den Ofen geben und weitere 4 Minuten backen. Zum Abkühlen auf einem Kuchengitter beiseite stellen.

f) In der Zwischenzeit in einer Schüssel mit einem elektrischen Mixer bei mittlerer Geschwindigkeit Sahne, Zucker, Schale und Extrakt verrühren, bis sich der Zucker aufgelöst hat. Mandeln unterheben.

g) Die Mandelmischung gleichmäßig in die Teighülle verteilen. Zurück in den Ofen und 20 bis 25 Minuten backen, oder bis die Füllung goldbraun ist. Auf einem Kuchengitter auf Raumtemperatur abkühlen lassen.

h) Wenn die Torte abgekühlt ist, können Sie nach Belieben Schlagsahne um den äußeren Rand verteilen. Konserven umrühren und über die Sahne träufeln. In 12 Spalten schneiden und servieren.

i) Teig: In einer Schüssel 1 Tasse ungesiebtes Allzweckmehl, ½ TL Salz und ½ TL Zucker vermischen. Mit einem Teigmixer oder zwei Messern 6 T ungesalzene Butter und 2 T Pflanzenfett hineinschneiden, bis die Mischung groben Krümeln ähnelt.

j) Nach und nach 2½ bis 3 T Eiswasser zur Mehlmischung geben und mit einer Gabel leicht verrühren, bis der Teig feucht genug ist, um eine Kugel zu formen. Mit den Händen zu einer Kugel rollen und auf eine Dicke von 2,5 cm flach drücken. Vor der Verwendung mindestens 2 Stunden einpacken und im Kühlschrank lagern.

44. Mexikanische Schokoladentorte mit gewürzten Pekannüssen

ZUTATEN:

PECANNÜSSE

- Antihaft-Pflanzenölspray
- 1 großes Eiweiß
- 2 Esslöffel Zucker
- 1 Esslöffel goldbrauner Zucker
- 1 Teelöffel gemahlener Zimt
- ¼ Teelöffel Salz
- ⅛ Teelöffel Cayennepfeffer
- 1 ½ Tassen Pekannusshälften

KRUSTE

- 1 Tasse Schokoladenwaffel-Kekskrümel, im Prozessor fein gemahlen
- ¼ Tasse Zucker
- ½ Teelöffel gemahlener Zimt
- ⅛ Teelöffel Salz
- 5 Esslöffel ungesalzene Butter, geschmolzen

FÜLLUNG

- 1 Tasse schwere Schlagsahne
- 4 Unzen bittersüße oder halbsüße Schokolade, gehackt
- Eine 3,1-Unzen-Scheibe mexikanischer Schokolade
- ¼ Tasse ungesalzene Butter, in 4 Stücke geschnitten
- 2 Teelöffel Vanilleextrakt
- 1 Teelöffel gemahlener Zimt
- ¼ Teelöffel Salz
- Leicht gesüßte Schlagsahne

ANWEISUNGEN:

FÜR DIE PEKANNÜSSE:

a) Ofen auf 350°F vorheizen. Besprühen Sie das umrandete Backblech mit Antihaftspray.

b) Alle Zutaten außer Pekannüssen in einer Schüssel verquirlen. Pekannüsse unterrühren.

c) In einer einzigen Schicht auf einem Blech verteilen, mit der abgerundeten Seite nach oben.

d) Etwa 30 Minuten backen, bis es gerade gebräunt und trocken ist. Auf dem Blech abkühlen lassen.

e) Trennen Sie die Nüsse und entfernen Sie die überschüssige Beschichtung.

FÜR DIE KRUSTE:

f) Ofen auf 350°F vorheizen. Die ersten 4 Zutaten im Mixer pürieren.

g) Geschmolzene Butter hinzufügen; verarbeiten, bis die Krümel angefeuchtet sind.

h) Drücken Sie die Krümel in eine Tarteform mit 9 Zoll Durchmesser und abnehmbarem Boden, sodass sie bis auf ⅛ Zoll an den Rand reichen.

i) Etwa 20 Minuten backen, bis es fest ist. Auf einem Gitter abkühlen lassen.

FÜR DIE FÜLLUNG:

j) Die Sahne in einem mittelgroßen Topf zum Kochen bringen. Vom Herd nehmen.

k) Pralinen hinzufügen; verquirlen, bis es geschmolzen ist. Fügen Sie Butter hinzu, 1 Stück pro Stunde; glatt rühren.

l) Vanille, Zimt und Salz unterrühren. Füllung in die Kruste gießen. Etwa 15 bis 20 Minuten kalt stellen, bis die Füllung fest zu werden beginnt.

m) Ordnen Sie die Nüsse in konzentrischen Kreisen auf der Torte an. Etwa 4 Stunden kalt stellen, bis es fest ist.

45. Frangipane-Tarte mit Früchten der Saison

ZUTATEN:

- 1 Portion Pâte Brisée
- 6 Esslöffel ungesalzene Butter, weich
- ½ Tasse) Zucker
- 1 großes Ei
- ¾ Tasse blanchierte Mandeln, fein gemahlen
- 1 Teelöffel Mandelextrakt
- 1 Esslöffel Amaretto
- 1 Esslöffel Allzweckmehl
- 2 Tassen Erdbeeren, entkernt
- 2 Tassen Himbeeren, gepflückt und abgespült
- ¼ Tasse Erdbeer- oder Himbeermarmelade, geschmolzen und abgeseiht

PÂTE BRISÉE

- 1¼ Tassen Allzweckmehl
- 6 Esslöffel kalte ungesalzene Butter, in Stücke geschnitten 2 Esslöffel kaltes Gemüsefett
- ¼ Teelöffel Salz

ANWEISUNGEN:

PÂTE BRISÉE

a) In einer Schüssel Mehl, Butter, Pflanzenfett und Salz vermischen, bis die Mischung einer Mahlzeit ähnelt.

b) Fügen Sie 2 Esslöffel Eiswasser hinzu, rühren Sie die Mischung um, bis das Wasser eingearbeitet ist, fügen Sie bei Bedarf mehr Eiswasser hinzu, um einen Teig zu formen, und formen Sie den Teig zu einer Kugel.

c) Den Teig mit Mehl bestäuben und in Wachspapier eingewickelt 1 Stunde kalt stellen.

TORTE

d) Rollen Sie den Teig auf einer leicht bemehlten Oberfläche etwa 2,5 cm dick aus, füllen Sie ihn in eine 27 x 20 cm große rechteckige oder 25 oder 27 cm große runde Tarteform mit abnehmbarem geriffeltem Rand und kühlen Sie die Schale ab, während Sie die Frangipane zubereiten .

e) Butter und Zucker in einer Schüssel schaumig schlagen und das Ei, die Mandeln, den Mandelextrakt, das Amaretto und das Mehl unterrühren.

f) Verteilen Sie die Frangipane gleichmäßig auf dem Boden der Schale und backen Sie die Tarte in der Mitte des vorgeheizten Ofens. oben 20 bis 25 Minuten lang oder bis die Schale blassgolden ist.

g) Lassen Sie die Tarte abkühlen. Schneiden Sie die Erdbeeren der Länge nach in zentimeterdicke Scheiben, legen Sie die Scheiben überlappend dekorativ mit den Himbeeren in Reihen auf die Frangipane und bestreichen Sie sie vorsichtig mit der Marmelade.

46. Bakewell-Tarte

ZUTATEN:

- 1 tolle, nicht schrumpfbare süße Tortenschale, teilweise gebacken in einer 9-Zoll-Tarteform mit abnehmbarem Boden
- 1 Tasse grob gehackte Mandeln, blanchiert, falls Sie welche finden können
- 1 ½ Esslöffel Allzweckmehl
- ⅔ Tasse Zucker
- 9 Esslöffel ungesalzene Butter, bei Zimmertemperatur
- 1 großes Ei
- 1 großes Eiweiß
- ½ Teelöffel Mandelextrakt
- 1 ½ Teelöffel Orangenschale
- ⅓ Tasse Himbeermarmelade
- Zum Garnieren gehobelte oder gehobelte Mandeln

ANWEISUNGEN:

a) Mandeln und Mehl in einer Küchenmaschine fein mahlen. Zucker, dann Butter, Extrakt und Orangenschale untermischen. Alles glatt rühren. Ei und Eiweiß untermischen. Die Füllung in eine Schüssel geben. Abdecken und mindestens 3 Stunden kalt stellen.

b) Stellen Sie den Rost in die Mitte des Ofens und heizen Sie ihn auf 350 °F vor. Den Boden der Tortenform mit Marmelade bestreichen. Die Mandelfüllung darauf verteilen und vorsichtig mit einem Spachtel verteilen. Wenn Sie gehobelte oder geschnittene Mandeln als Garnitur verwenden, streuen Sie diese jetzt darüber. Backen Sie die Tarte etwa 45 Minuten lang, bis sie goldbraun ist und ein in die Mitte der Füllung eingeführter Tester sauber herauskommt. Die Tarte in der Form auf dem Rost abkühlen lassen.

c) Zum Servieren den Boden der Form nach oben schieben und so die Tarte aus der Form lösen. Die Tarte in Stücke schneiden und nach Belieben mit Puderzucker bestreuen.

d) Machen Sie weiter: Die Mandelfüllung kann 2 Tage im Voraus zubereitet werden. Kühl aufbewahren. Die ganze Torte kann auch einen halben Tag im Voraus zubereitet werden. Lässt sich problemlos bei Zimmertemperatur stehen

47. Apfel-Nuss-Gittertarte

Ergibt: 1 Portion

ZUTATEN:

- 15-Unzen-Packung gekühlter Kuchenkrusten
- 3 Tassen In dünne Scheiben geschnittene geschälte Äpfel
- ½ Tasse Zucker
- 3 Esslöffel goldene Rosinen
- 3 Esslöffel Gehackte Walnüsse oder Pekannüsse
- ½ TL Zimt
- ¼ Teelöffel Geriebene Zitronenschale
- 2 Teelöffel Zitronensaft
- 1 Eigelb; der Beat
- 1 Teelöffel Wasser
- ¼ Tasse Puderzucker
- 1 Teelöffel Zitronensaft

ANWEISUNGEN:

a) Bereiten Sie den Tortenboden gemäß den Anweisungen in der Packung für einen Kuchen mit zwei Böden zu, indem Sie eine 10-Zoll-Tarteform mit abnehmbarem Boden oder eine 9-Zoll-Kuchenform verwenden.

b) 1 vorbereiteten Boden in die Pfanne geben; Drücken Sie den unteren und oberen Rand der Pfanne hinein. Schneiden Sie die Kanten bei Bedarf ab.

c) Heizen Sie den Ofen auf 400 F vor. Legen Sie das Backblech zum Vorheizen in den Ofen. In einer Schüssel Äpfel, Zucker, Rosinen, Walnüsse, Zimt, Zitronenschale und 2 Teelöffel Zitronensaft vermischen; Zum Beschichten leicht umrühren. In die mit Kruste ausgelegte Pfanne geben.

d) Um eine Gitteroberseite zu erhalten, schneiden Sie die zweite Kruste in ½ Zoll breite Streifen. Streifen im Gittermuster über der Füllung anordnen. Kanten beschneiden und versiegeln. In einer Schüssel Eigelb und Wasser vermischen; Streichen Sie vorsichtig über das Gitter.

e) Die Tarte auf das vorgewärmte Backblech legen. Bei 400 F 40 bis 60 Minuten backen oder bis die Äpfel weich und die Kruste goldbraun sind. Decken Sie den Rand der Kruste nach 15 bis 20 Minuten Backzeit mit Folienstreifen ab, um eine übermäßige Bräunung zu verhindern. 1 Stunde abkühlen lassen.

f) die Zutaten für die Glasur vermischen und so viel Zitronensaft hinzufügen, bis die gewünschte Konsistenz erreicht ist. Über eine leicht warme Torte träufeln. Cool; Entfernen Sie die Seiten der Pfanne.

48. Aprikosen-Macadamianuss-Tarte

Ergibt: 12 Portionen

ZUTATEN:

- 1½ Tassen Mehl
- ⅔ Tasse Butter; aufgeweicht
- ¼ Tasse Brauner Zucker; verpackt
- 2 Esslöffel Kakao
- 1 Eier
- 8 Unzen Getrocknete Aprikosen
- 3½ Unzen Macadamianüsse; grob gehackt
- ⅓ Tasse Zucker
- ¼ Tasse Butter; geschmolzen
- ½ Tasse Leichter Maissirup
- ¼ Teelöffel Salz
- 2 Eier

In Schokolade getunkte Aprikosen
- ¼ Tasse Halbsüße Schokoladenstückchen
- 1 Teelöffel Verkürzung
- 12 Getrocknete Aprikosen

ANWEISUNGEN:

a) Über zwei 400¼ erhitzen. Alle Teigzutaten vermischen, bis ein Teig entsteht.

b) Drücken Sie fest und gleichmäßig gegen den Boden und die Seite einer ungefetteten 11-Zoll-Tarteform mit abnehmbarem Boden. 10-12 Minuten backen oder bis es fest ist.

c) Nach dem Backen des Teigs den Ofen auf 375 ¼ vorheizen. Reservieren Sie 12 Aprikosen für in Schokolade getauchte Aprikosen; Restliche Aprikosen grob hacken.

d) Nüsse und gehackte Aprikosen gleichmäßig über den gebackenen Teig streuen.

e) Zucker, Butter, Maissirup, Salz und Eier glatt rühren. Nüsse und Aprikosen darübergießen.

f) 25 bis 30 Minuten backen oder bis es fest ist.

g) Den Teller mit Wachspapier auslegen. Geben Sie die Chips und das Backfett in eine kleine mikrowellengeeignete Schüssel. Unbedeckt auf mittlerer Stufe 2 bis 3 Minuten lang in der Mikrowelle erhitzen oder bis sich die Mischung glatt rühren lässt.

h) Tauchen Sie die Hälfte jeder Aprikose in die Schokoladenmischung. auf einen Teller legen.

i) Stehen lassen, bis die Schokolade trocken ist. Auf die Torte legen.

49. Brombeer-Sahne-Nusstorte

Ergibt: 1 Portion

ZUTATEN:

- ⅓ Tasse Allzweckmehl
- ½ TL Salz
- 1 8-Unzen-Packung Frischkäse, weich
- ¼ Tasse Gesüsste Kondensmilch
- 2 Esslöffel Gesiebter Puderzucker
- 1 16-Unzen-Packung gefrorener Brombeeren, aufgetaut und abgetropft
- ½ Tasse Kristallzucker
- 3 Esslöffel Maisstärke
- ½ Tasse Fein gemahlene Walnüsse
- 1½ Tassen Gesiebter Puderzucker
- 2 Esslöffel Backfett mit Buttergeschmack
- ½ TL Vanille
- ½ Tasse Backfett mit Buttergeschmack
- 3 Esslöffel Eiswasser
- 1 EL Frischer Zitronensaft
- ¼ Tasse Weiße Schokoladenstückchen
- ¼ Tasse Walnüsse
- 2 Esslöffel Boysenbeersirup
- 1 Teelöffel Butter oder Margarine
- ½ TL Frischer Zitronensaft
- ⅛ Teelöffel Salz
- ½ TL Butteraroma
- 4 Esslöffel Schlagsahne

ANWEISUNGEN:

a) So machen Sie die Kruste: Den Ofen auf 425 Grad vorheizen. Mehl und Salz in einer Schüssel vermischen. Schneiden Sie das Backfett mit einem Teigmixer oder zwei Messern ein, bis das gesamte Mehl zu zwei erbsengroßen Stücken vermischt ist.

b) Mit Wasser bestreuen, 1 Esslöffel pro Stunde. Mit einer Gabel leicht umrühren, bis der Teig eine Kugel bildet. Zwischen den

Händen drücken, um einen 5 bis 6 Zoll großen „Pfannkuchen" zu formen.

c) Die Rollfläche und das Nudelholz leicht bemehlen. Rollen Sie den Teig zu einem Kreis. Schneiden Sie den Kuchen 1 Zoll größer als eine umgedrehte 9-Zoll-Tarteform mit herausnehmbaren Größen. Den Teig vorsichtig auflockern. In Viertel falten. Die Tarteform leicht bemehlen.

d) Falten Sie den Teig auseinander und drücken Sie ihn in die Tarteform. Schneiden Sie den Rand bündig mit der Felgenoberkante ab. Stechen Sie den Boden und die Seiten 50 Mal gründlich mit einer Gabel ein, um ein Schrumpfen zu verhindern.

e) Decken Sie den Rand mit einer doppelten Schicht Folie ab, um ein Überbräunen zu verhindern.

f) 10 bis 15 Minuten backen oder bis es leicht gebräunt ist. Auf Raumtemperatur abkühlen lassen.

g) Für die Frischkäsefüllung: Frischkäse, Kondensmilch, Puderzucker und Zitronensaft in einer Schüssel vermischen. Bei niedriger Geschwindigkeit eines Elektromixers cremig schlagen. Geben Sie weiße Schokoladenstückchen und Nüsse in eine Arbeitsschüssel der Küchenmaschine. Fein zerkleinert verarbeiten. Unter die Käsemischung mischen. Den Boden der abgekühlten, gebackenen Tortenform damit bestreichen.

h) Für die Fruchtfüllung: Brombeeren, Zucker, Maisstärke und Boysenbeersirup in einem mittelgroßen Topf vermischen. Bei mittlerer Hitze kochen und rühren, bis die Mischung eingedickt und klar ist. Vom Herd nehmen. Butter, Zitronensaft und Salz einrühren. In eine Schüssel geben. Auf Raumtemperatur abkühlen lassen. Käsefüllung darauf verteilen.

i) Für den Belag: Nüsse gitterförmig über die Fruchtfüllung streuen.

j) Zwei Garnituren: Puderzucker, Backfett, Vanille, Butteraroma und 3 Esslöffel Sahne in einer Schüssel vermischen. Zu einer glatten Masse verrühren und bei Bedarf mehr Sahne hinzufügen, um die gewünschte Konsistenz zu erreichen. In den mit der gewünschten Spitze versehenen Dekobeutel füllen. Einen dekorativen Rand um den Tortenrand formen.

k) 1 bis 2 Stunden kühl stellen. Reim entfernen. In Portionen schneiden. Reste im Kühlschrank aufbewahren.

50. Karotten-Nuss-Tarte

Ergibt: 8 Portionen

ZUTATEN:
- 1 Tortenschale; teilweise gebacken
- 3 Eier
- ⅓ Tasse Zucker
- 1 Teelöffel Zitronensaft und Zitronenschale
- 2 Tassen Fein geraspelte Karotte
- 4 Esslöffel Geschmolzene Butter
- ½ TL Backpulver
- ⅔ Tasse Mehl
- ½ Tasse Mandeln
- ¼ Tasse Aprikosenglasur

ANWEISUNGEN:
a) Eier, Zucker, Zitronensaft und Zitronenschale vermischen; Karotten und Butter hinzufügen und gut umrühren.

b) In separaten Schüsseln Nüsse, Mehl und Backpulver vermischen. Mischen Sie zwei Mischungen; In eine halbgebackene Torten- oder Tortenform gießen. Bei 400 Grad etwa 20 Minuten backen.

c) Für die Glasur Aprikosenkonfitüre einschmelzen, 2 Esslöffel Brandy dazugeben und die Oberseite der Tarte bestreichen, wenn die Tarte aus dem Ofen kommt.

51. Karamell-Nuss-Tarte

Ergibt: 1 Portion

ZUTATEN:

- 1 Tasse Zucker
- ⅔ Tasse Schlagsahne
- ¼ Tasse ungesalzene Butter; in kleine Stücke schneiden
- 3 Esslöffel Honig
- ½ TL Salz
- 2½ Tassen Walnußhälften
- 1 Portion Pâte-Sucrée-Teig
- 2 Unzen Bittersüße Schokolade; gehackt
- 2½ Tassen Allzweckmehl
- 3 Esslöffel Zucker
- 2 Klebt kalte ungesalzene Butter; zerschneiden
- 2 groß Eigelb
- 4 Esslöffel Eiswasser

ANWEISUNGEN:

a) In einem schweren Topf ¼ Tasse Wasser und Zucker zum Kochen bringen und rühren, bis sich der Zucker aufgelöst hat. Sirup in einer abgedeckten Pfanne ohne Rühren aufkochen; Sie können entweder die Pfanne schwenken oder die Seiten des Topfes mit einem in Wasser getauchten Backpinsel abwaschen, um alle anhaftenden Zuckerkristalle zu entfernen, bis der Topf anfängt, sich golden zu färben.

b) Geben Sie vorsichtig Sahne hinzu und erhitzen Sie die Pfanne erneut. Butter, Honig und Salz hinzufügen und rühren, bis die Butter geschmolzen ist und die Mischung glatt ist. Walnüsse einrühren und ohne Deckel bei mittlerer Hitze unter gelegentlichem Rühren etwa 5 Minuten köcheln lassen. Vom Herd nehmen und abkühlen lassen.

c) In der Zwischenzeit die Hälfte der Pastete Sucrée zwischen zwei Lagen Frischhaltefolie zu einem 27 cm großen Kreis ausrollen. Den Teig in eine geriffelte 9-Zoll-Tarteform mit abnehmbarem Boden füllen. Um den Teig gleichmäßig auszuschneiden, rollen Sie das Nudelholz über die Tarteform. 20 bis 30 Minuten kalt stellen.

d) Den Ofen auf 400 °C vorheizen. Den Tortenboden mit einer abgekühlten Walnussmischung füllen und mit einem Gummispatel gleichmäßig verteilen. Rollen Sie den restlichen Teig zwischen zwei Lagen Frischhaltefolie zu einem 27 cm großen Kreis aus. In die Tortenschale geben. Drücken Sie die obere Krustenkante an die untere Kruste, um sie zu verschließen. Rollen Sie das Nudelholz über die Tarteform, um den Rand abzuschneiden. 20 Minuten einfrieren.

e) Auf einem mit Backpapier ausgelegten Backblech etwa 25 bis 30 Minuten backen, bis die Kruste goldbraun ist. Auf einem Kuchengitter abkühlen lassen.

f) In einem Wasserbad über kaum siedendem Wasser die Schokolade schmelzen und rühren, bis eine glatte Masse entsteht. Die Schokolade abkühlen lassen und in einen Spritzbeutel mit einer sehr kleinen glatten Spitze füllen .

g) Spritzen Sie die Schokolade kreisförmig über die gesamte Oberfläche der Torte. Helle Schokolade bei Raumtemperatur etwa 1 bis 2 Stunden fest werden lassen.

PATE SUCRÉE

h) Mehl und Zucker in die Küchenmaschine geben; Puls zum Kombinieren.

i) Butter hinzufügen; 10 bis 20 Sekunden lang pulsieren, bis die Mischung einer groben Mahlzeit ähnelt.

j) Eigelb leicht schlagen; Eiswasser hinzufügen. Bei laufender Maschine in die Küchenmaschine geben; verarbeiten, bis der Teig zusammenhält.

k) Den Teig in zwei Portionen aufteilen; In zwei separate Stücke Plastikfolie verwandeln.

l) Drücken Sie jeden zu einem Kreis flach und wickeln Sie ihn in Plastikfolie ein. mindestens 1 Stunde kühl stellen.

52. Nuss-Frucht-Törtchen

Ergibt: 6 Portionen

ZUTATEN:

- 1½ Tassen Schlagsahne
- 1½ Tassen Gepuffte Rosinen
- 1 Tasse Gehackte Nüsse
- ½ Tasse Zucker
- 2 Bananen, in Scheiben geschnitten
- 6 Maraschinokirschen, gehackt
- Ein paar Salzkörner

ANWEISUNGEN:

a) Sahne steif schlagen. Zucker und Salz unterheben. In 2 Portionen teilen.

b) Bananen und Rosinen mit der Hälfte der Sahne vermischen. Die einzelnen gebackenen Teigschalen leicht stapeln. Mit der restlichen Sahne bedecken. Mit Kirschen und Nüssen garnieren. 20 Portionen.

53. Orangen-Paranuss-Tarte

Ergibt: 4 Portionen

ZUTATEN:

- 3 Eier, getrennt
- ¾ Tasse Kristallzucker
- Abgeriebene Schale von 1 Orange
- 1 Teelöffel Vanilleextrakt
- 2 Tassen Fein gemahlene Paranüsse
- 1½ Esslöffel Allzweckmehl
- ¼ Teelöffel Salz
- Garnierung:
- 2 Grapefruits
- 2 Orangen
- 4 groß Eiweiß
- 1¼ Tassen Kristallzucker

ANWEISUNGEN:

a) Den Backofen auf 350 Grad vorheizen. Eine runde 10-Zoll-Kuchenform mit Pergamentpapier, Butter und Mehl auslegen.

b) In einer Schüssel Eigelb und Zucker verrühren, bis die Masse hellgelb ist. Orangenschale und Vanille dazugeben, aufschlagen, bis alles leicht und schaumig ist, und beiseite stellen.

c) In einer Schüssel 1 Tasse Paranüsse mit dem Mehl vermischen und beiseite stellen. Die restlichen Nüsse zum Garnieren aufbewahren.

d) In einer anderen Schüssel das Eiweiß schaumig schlagen. Streuen Sie Salz darüber und schlagen Sie weiter, bis sich weiche Spitzen bilden. Abwechselnd die Nuss-Mehl-Mischung und die geschlagene Eigelb-Mischung unterheben, bis alles gut vermischt ist. In die vorbereitete Pfanne gießen.

e) 25 bis 30 Minuten backen oder bis es leicht gebräunt ist. Zum Abkühlen etwa 10 Minuten auf ein Gestell stellen. Führen Sie ein Messer am Rand entlang, um es zu lösen, und stürzen Sie es auf eine Platte. Entfernen Sie das Pergament und lassen Sie es vollständig abkühlen.

f) In der Zwischenzeit den Backofen auf 300 Grad vorheizen. Legen Sie den Kuchen auf ein mit Backpapier ausgelegtes Backblech.

g) Über einer Schüssel arbeiten, um den Saft aufzufangen, die Grapefruits und Orangen schälen und zwischen den Schalen schneiden, um die Stücke zu entfernen. Entfernen Sie die Kerne. Ordnen Sie die Abschnitte über dem Kuchen an. Den Saft durch ein Sieb gießen und über den Kuchen träufeln.

h) In einer Schüssel das Eiweiß schaumig schlagen. Nach und nach den Zucker hinzufügen und etwa 10 Minuten lang verrühren, bis sich steife Spitzen bilden. Die reservierte 1 Tasse gemahlene Paranüsse vorsichtig unterheben.

i) Das Baiser gleichmäßig auf dem Kuchen verteilen und ½ Stunde backen. Auf einem Gitter abkühlen lassen und servieren.

54. Pinienkern-Tarte

Ergibt: 4 Portionen

ZUTATEN:
- 1 Blätterteigblatt
- 2 Tassen Pinienkerne
- 2 Esslöffel Honig
- 1 Tasse Zucker
- 3 Eier
- 3 Esslöffel Natives Olivenöl extra
- Schale von 1 Zitrone
- 2 Esslöffel Walnusslikör

ANWEISUNGEN:
a) Ofen auf 425 Grad vorheizen. Legen Sie den Teig fest in die Schale und drücken Sie die Ränder mit zusätzlichem Teig zusammen, um die Ränder zu erhalten. Decken Sie den Teig mit Pergament ab, füllen Sie ihn mit getrockneten weißen Bohnen und legen Sie ihn in den Ofen.

b) 8 bis 10 Minuten kochen, Backpapier und Bohnen entfernen und weitere 8 bis 10 Minuten kochen, bis es trocken und leicht goldbraun ist. Herausnehmen und abkühlen lassen.

c) Pinienkerne, Honig, Zucker, Eier, Olivenöl, Zitronenschale und Likör in einer Schüssel glatt rühren. In den abgekühlten Teigmantel gießen und 20 Minuten backen, oder bis er ziemlich fest und oben leicht gebräunt ist.

d) Auf Raumtemperatur abkühlen lassen und servieren.

FRUCHTTARTEN

55. Mandel-Aprikosen-Törtchen

Ergibt: 18 Portionen

ZUTATEN:

- ½ Tasse Butter
- 3 Unzen Frischkäse
- ⅓ Tasse Butter
- ½ Tasse) Zucker
- Je 1 Ei
- ½ Teelöffel Vanillepäckchen weich gemacht
- 1 Tasse Allzweckmehl
- ⅔ Tasse Grob gemahlene, geröstete, blanchierte Mandeln
- ⅓ Tasse Aprikosenkonfitüre
- Mandeln in Scheiben schneiden

ANWEISUNGEN:

a) TEIG: Die halbe Tasse Butter und den Frischkäse mit einem Elektromixer 30 Sekunden lang schlagen. Mehl einrühren. Abdecken und 1 Stunde kalt stellen.

b) FÜLLUNG: Die ⅓ Tasse Butter mit einem Elektromixer 30 Sekunden lang schlagen. Den Zucker, dann das Ei und die Vanille unterrühren.

c) Die gemahlenen Mandeln unterrühren. Drücken Sie jeweils 1 Esslöffel Teig gleichmäßig auf den Boden und an den Seiten von achtzehn 2 bis 2 ½ Zoll großen Tarteformen.

d) 1 Teelöffel der Mandelfüllung auf jede Tarte geben.

e) Auf einem Backblech 20 bis 25 Minuten in einem 350 °F heißen Ofen backen. Die Törtchen in der Form etwa 10 Minuten abkühlen lassen. In der Zwischenzeit die Aprikosenkonfitüre erhitzen und bei schwacher Hitze rühren, bis sie geschmolzen ist.

f) Die Törtchen aus den Formen nehmen und auf Gitterroste legen. Während die Törtchen noch warm sind, die Füllung mit der geschmolzenen Konfitüre bestreichen.

g) Nach Belieben mit gehobelten Mandeln garnieren. Cool. Ergibt: 18 Törtchen.

56. Elsässer Pflaumenkuchen

Macht: 6 bis 8

ZUTATEN:
- Butter
- 7 große rote Pflaumen, entkernt, jeweils in 8 Spalten geschnitten
- 4 Esslöffel Zucker
- 1 Pate Sucrée-Teig
- ½ Teelöffel gemahlener Zimt
- 1 Eiweiß, verrührt
- Vanille-Eiscreme

ANWEISUNGEN:

a) Ofen auf 400F vorheizen. Backblech mit Folie auslegen; Butterfolie.

b) Die Pflaumen mit gleichmäßigem Abstand auf das vorbereitete Blech legen. Mit 2 EL Zucker bestreuen. Backen, bis die Pflaumen weich sind, aber noch ihre Form behalten, etwa 30 Minuten. Kühle Pflaumen auf dem Blech.

c) Den Teig auf einer bemehlten Arbeitsfläche zu einem Kreis mit einem Durchmesser von 30 cm ausrollen.

d) Den Teig in die Mitte eines weiteren schweren großen Backblechs legen. Überlappen Sie die Pflaumen in konzentrischen Kreisen auf dem Teig, sodass in der Mitte ein Kreis mit einem Durchmesser von 9 Zoll entsteht.

e) Die restlichen 2 Esslöffel Zucker und Zimt in einer Schüssel vermischen. Zuckermischung über die Pflaumen streuen. Falten Sie den Teigrand über die Pflaumen und drücken Sie ihn zusammen, um eventuelle Risse im Teig zu verschließen. Die Kruste zweimal mit Eiweiß bestreichen.

f) Backen Sie die Tarte etwa 25 Minuten lang, bis die Kruste goldbraun ist. Führen Sie ein dünnes, scharfes Messer vorsichtig unter die Tortenränder, um das Blech zu lösen. 15 bis 30 Minuten abkühlen lassen. Sauer und leicht warm mit Eis servieren.

57. <u>Apfelkuchen</u>

Ergibt: 4 Portionen

ZUTATEN:
SÜßER TEIG:
- 1 Tasse Mehl
- 3 Esslöffel Zucker
- ¼ Teelöffel Backpulver
- Prise Salz
- 4 Esslöffel ungesalzene Butter
- 1 großes Ei

APFELFÜLLUNG:
- 3 Golden Delicious Äpfel
- 2 Esslöffel Zucker
- ¼ Teelöffel Zimt

KIRSCH-CUSTARD:
- ⅔ Tasse Sahne
- 3 Esslöffel Zucker
- 1 Esslöffel Kirsch
- 3 Eigelb

ANWEISUNGEN:
a) Für den Teig vermengen trockene Inhaltsstoffe In einer Küchenmaschine zerkleinern und vermischen. Butter und Hülsenfrüchte hinzufügen. Ei hinzufügen und weiterrühren, bis der Teig eine Kugel bildet. Rollen Sie den Teig zu einer 14-Zoll-Scheibe und legen Sie eine 10-Zoll-Tarteform damit aus. Den Teig mehrere Stunden oder über Nacht kalt stellen.

b) Die Äpfel schälen, entkernen, halbieren und in zentimeterdicke Scheiben schneiden; Überlappend auf dem Teig verteilen. Mit Zimtzucker bestreuen. Für den Vanillepudding alle Zutaten vermischen; Von Hand verquirlen, bis alles glatt und gut vermischt ist; belasten und reservieren.

c) Bei 350 Grad etwa 35 Minuten backen oder bis die Äpfel und die Kruste durchgebacken sind. Entfernen Sie die Torte von oben; Gießen Sie die Vanillesoße darüber und achten Sie darauf, dass sie nicht überläuft. Geben Sie die Tarte für 5 bis 10 Minuten wieder in den Ofen, bis die Creme fest, aber weder gefärbt noch aufgebläht ist.

58. Apfel-Rosinen-Tarte Tatin

Ergibt: 6 Portionen

ZUTATEN:
- 2 Esslöffel Butter
- 3 Esslöffel Rum
- 1 Tasse Gemischte Rosinen und Johannisbeeren
- 2 Pfund mit Äpfeln
- 17-Unzen-Packung gefrorener Blätterteig
- ¼ Tasse plus 2 Esslöffel weißer Zucker
- Oben: 400F

ANWEISUNGEN:
a) Äpfel schälen, entkernen und in Achtel schneiden. Füllen Sie eine Schüssel, die groß genug ist, um eine 9-Zoll-Gusseisenpfanne hineinzustellen, mit Eiswürfeln und füllen Sie sie dann mit Wasser auf. Schmelzen Sie die Butter in einer 9-Zoll-Gusseisenpfanne bei mittlerer Hitze. Zucker hinzufügen.

b) Rühren, bis es braun und NUR karamellisiert ist. Stellen Sie die Bratpfanne zum Aushärten in Eiswasser und stellen Sie sie dann auf ein Kühlregal. Siehe oben. Rosinen und Johannisbeeren in eine Schüssel geben. Rum hinzufügen und mit heißem Wasser bedecken. Nach ca. 5 Minuten abtropfen lassen.

c) Ein Drittel der Rosinen und Johannisbeeren über das Karamell streuen. Legen Sie die Apfelscheiben mit der abgerundeten Seite nach unten möglichst dicht aneinander und legen Sie sie kreisförmig darauf. Mit restlichen Rosinen und Johannisbeeren bestreuen.

d) Schneiden Sie den Teig 5 cm größer als eine Pfanne. Legen Sie den Teig darauf und klappen Sie die Seiten und den Rand der äußeren Apfelreihe nach unten. 30 Minuten backen und dann noch heiß auf einen dekorativen Teller stürzen.

e) Noch warm mit frisch geschlagener Sahne servieren.

59. Apfel-Zimt-Tarte

Ergibt: 10 Portionen

ZUTATEN:

- 1½ Tassen Haferflocken
- 1 Esslöffel Zimt
- ½ Teelöffel Zimt
- ¾ Tasse Apfelsaft
- 2 große Äpfel, geschält/in Scheiben geschnitten
- 1 Teelöffel Zitronensaft
- ⅓ Tasse kaltes Wasser
- 1 Packung geschmacksneutrale Gelatine
- 2 Tassen fettfreier Joghurt
- ¼ Tasse Honig
- ½ Teelöffel Mandelextrakt

ANWEISUNGEN:

a) Heizen Sie den Ofen auf 350 °C vor. Bereiten Sie einen Tortenteller mit Kochspray vor. In einer Schüssel Haferflocken und 1 Esslöffel Zimt vermischen.

b) Mit ¼ Tasse Apfelsaft vermischen. Auf den Boden des Tortentellers drücken. 5 Minuten backen oder bis es fest ist. Cool. In einer Schüssel Apfelscheiben mit Zitronensaft vermischen; Auf der abgekühlten Kruste in der Pfanne anrichten und beiseite stellen.

c) In einer Pfanne Wasser und die restliche halbe Tasse Apfelsaft vermischen. Gelatine über die Wassermischung streuen; Zum Erweichen einfach 3 Minuten stehen lassen.

d) Bei mittlerer Hitze kochen und rühren, bis sich die Gelatine vollständig aufgelöst hat; Vom Herd nehmen. Joghurt, Honig, den restlichen halben Teelöffel Zimt und Mandelextrakt hinzufügen; gut vermischen.

e) Über die Äpfel in der Kruste gießen. Mehrere Stunden oder über Nacht kalt stellen.

60. Umgedrehte Apfel-Cranberry-Torte

Macht:1

ZUTATEN:

- ⅔ Tasse Zucker
- 3 Esslöffel Wasser
- 6 säuerliche Äpfel, geschält, entkernt und in dünne Scheiben geschnitten
- 1 Tasse Preiselbeeren
- 3 Esslöffel Zucker
- 1 Esslöffel Butter
- 1 ungebackener Tortenboden

ANWEISUNGEN:

a) ⅔ Tasse Zucker und 3 Esslöffel Wasser in einem kleinen Topf mit Deckel 5 Minuten köcheln lassen. Aufdecken und kochen, bis ein goldbrauner, dicker Karamell entsteht.

b) Sofort vom Herd nehmen, damit das Karamell nicht anbrennt. In einen 10-Zoll-Tortenteller aus Glas oder Metall gießen. Wirbeln, um den Boden zu beschichten.

c) Überlappen Sie ein Drittel der Apfelscheiben auf dem Karamell.

d) Ein Drittel der Preiselbeeren darauf verteilen und mit 1 Esslöffel Zucker bestreuen. Wiederholen Sie den Vorgang zweimal mit den restlichen Früchten und dem Zucker und geben Sie etwas Butter darüber.

e) Den Teig locker über die Früchte legen. 30 Minuten bei 400 °C backen. Auf ein Gitter stellen und 5 Minuten abkühlen lassen. Kippen Sie den Kuchenteller über die Schüssel und gießen Sie den angesammelten Saft ab. Drehen Sie den Servierteller über den Kuchen. Beides zusammen umdrehen.

f) Heben Sie den Tortenteller ab. Torte warm mit Vanilleeis servieren.

61. Apfel-Himbeer-Tarte

Ergibt: 8 Portionen

ZUTATEN:

- 1 Tasse Allzweckmehl
- ½ Teelöffel Salz
- ⅓ Tasse Verkürzung
- 2 Esslöffel kaltes Wasser; bis zu 3
- 1 Ei; getrennt
- 23 Unzen grobe Apfelsauce
- 1 Tasse frische Himbeeren ODER 10-Unzen-Päckchen. gefroren; aufgetaut, abgetropft
- 2 Esslöffel Zucker
- ½ Teelöffel Zimt
- ¾ Tasse Allzweckmehl
- ½ Tasse fester brauner Zucker
- ½ Teelöffel Zimt
- ⅓ Tasse Margarine oder Butter; aufgeweicht

ANWEISUNGEN:

a) Den Ofen auf 400 °F vorheizen.

b) In einer Schüssel Mehl und Salz vermischen. Schneiden Sie das Backfett mit einem Teigmixer oder zwei Messern in die Mehlmischung, bis die Partikel die Größe kleiner Erbsen haben.

c) Nach und nach Wasser hinzufügen und mit einer Gabel verrühren, bis die Mischung feucht ist.

d) Den Teig zu einer Kugel formen. Flache Kugel. Auf einer leicht bemehlten Oberfläche von der Mitte bis zum Rand einen Kreis ausrollen, der 3,5 cm größer ist als die umgedrehte 23 cm große Tarteform.

e) Den Teig halbieren; in die Pfanne geben. Entfalten; Drücken Sie den Boden und die Oberseite der Pfanne hinein. Schneiden Sie die Kanten bei Bedarf ab.

f) 5 Minuten bei 400 °F backen. Von oben herausnehmen; Reduzieren Sie die Ofentemperatur auf 375F. In einer Schüssel Eiweiß schlagen. Die gesamte Oberfläche der teilweise gebackenen Kruste damit bestreichen. Das Eigelb zum Füllen aufbewahren.

g) In einer Schüssel Apfelmus, Himbeeren, Zucker, ½ Teelöffel Zimt und Eigelb vermischen. In eine mit Teig ausgelegte Pfanne gießen.

h) In einer Schüssel alle Topping- Zutaten vermischen; Über die Fruchtmischung streuen. 40 bis 50 Minuten bei 180 °C backen oder bis der Belag goldbraun ist.

i) Cool; Entfernen Sie die Seiten der Pfanne. Mit Schlagsahne servieren.

62. Blaubeer-Buttermilch-Tarte

Ergibt: 1 Portion

ZUTATEN:
HÜLSE
- 1½ Tassen Allzweckmehl
- ¼ Tasse Zucker
- ¼ Teelöffel Salz
- ¼ Pfund kalte Butter; Stücke schneiden
- 1 großes Ei; schlagen mit
- 2 Esslöffel Eiswasser
- Roher Reis; für Wiegeschale

BUTTERMILCHFÜLLUNG
- 1 Tasse Buttermilch
- 3 große Eigelb
- ½ Tasse) Zucker
- 1 Esslöffel Zitronenschale; Gitter
- 1 Esslöffel frischer Zitronensaft
- ½ Stange ungesalzene Butter; schmelzen, abkühlen
- 1 Teelöffel Vanille
- ½ Teelöffel Salz
- 2 Esslöffel Allzweckmehl
- 2 Tassen Blaubeeren; abholen
- Puderzucker

ANWEISUNGEN:
HÜLSE

a) Mehl, Zucker und Salz in einer Schüssel verrühren. Butter hinzufügen und mixen, bis die Mischung einer groben Mahlzeit ähnelt. Fügen Sie die Eigelbmischung hinzu, rühren Sie um, bis die Flüssigkeit eingearbeitet ist, und formen Sie den Teig zu einer Scheibe. Den Teig mit Mehl bestäuben und in Frischhaltefolie eingewickelt 1 Stunde kalt stellen. Rollen Sie den Teig auf einer bemehlten Oberfläche ⅛" dick aus und geben Sie ihn in eine 10"-Tarteform mit abnehmbarem Rillenrand.

b) Die Schale mindestens 30 Minuten oder abgedeckt über Nacht kalt stellen.

c) Ofen vorheizen auf 350 Grad.

d) Die Schale mit Folie auslegen und mit Reis füllen. Backen Sie die Schale 25 Minuten lang in der Mitte des Ofens.

e) Entfernen Sie vorsichtig Folie und Reis und backen Sie die Schale weitere 5 Minuten oder bis sie hellgolden ist. Die Schale in der Pfanne auf einem Rost abkühlen lassen.

FÜLLUNG

f) In einem Mixer oder Prozessor die Zutaten für die Füllung glatt rühren. Die Blaubeeren gleichmäßig auf dem Boden der Schale verteilen.

g) Gießen Sie die Buttermilchfüllung über die Blaubeeren und backen Sie sie in der Mitte des Ofens 30 bis 35 Minuten lang oder bis sie gerade fest sind.

h) Entfernen Sie den Rand der Form und lassen Sie die Tarte in der Form auf dem Rost vollständig abkühlen. Puderzucker über die Tarte sieben und bei Zimmertemperatur oder gekühlt mit Blaubeereis servieren. Quelle: Conde Nast's Gourmet's Weekends.

63. Gemischte Obsttorte

Ergibt: 8 Portionen

ZUTATEN:
- ¼ Tasse Rosinen
- ½ Tasse Kochendes Wasser
- 8 Scheiben Weißbrot
- 1½ Tassen 1 % fettarme Milch, geteilt
- 1 Tasse Geschälte, gehackte Birne
- 2 Esslöffel Mehl
- ¼ Tasse + 2 TB. Zucker, geteilt
- 2 Esslöffel Mahlzeit mit Getreide
- 1 Teelöffel Abgeriebene Zitronenschale
- 3 Eier, leicht geschlagen
- ½ Tasse Kernlose rote Weintrauben halbiert
- 2 Teelöffel Gehackter frischer Rosmarin
- 2 Teelöffel Olivenöl

ANWEISUNGEN:

a) Rosinen und kochendes Wasser vermischen; 15 Minuten leicht stehen lassen. Abtropfen lassen und beiseite stellen.

b) Krusten vom Brot entfernen. Schneiden Sie jede Scheibe in 4 Dreiecke; In einer einzigen Schicht in eine 13 x 9 x 3 große Auflaufform legen. Gießen Sie eine halbe Tasse Milch über das Brot und lassen Sie es 5 Minuten lang stehen.

c) Ordnen Sie die Brotdreiecke vorsichtig auf dem Boden einer mit Kochspray bestrichenen 10-Zoll-Quicheform an.

d) Mit Apfel und Birne belegen.

e) Mehl in eine Schüssel geben und nach und nach die restliche Milch hinzufügen und mit einem Schneebesen verrühren, bis alles vermischt ist.

f) Zucker, Maismehl, Zitronenschale und Eier einrühren; gut umrühren.

g) Milchmischung über Apfel und Birne gießen; Mit Rosinen und Weintrauben belegen und mit Rosmarin bestreuen.

h) Öl über die Mischung träufeln; Mit restlichem Zucker bestreuen.

i) Bei 350 °F 50 Minuten backen oder bis es fest ist; auf einem Kuchengitter abkühlen lassen. In Spalten schneiden.

64. Weihnachtsfruchttörtchen

Ergibt: 10 Portionen

ZUTATEN:

- 3 Tassen Einfacher fettfreier Joghurt
- Kochspray
- 1¾ Tassen Normaler Hafer, ungekocht
- ¼ Tasse Fest verpackter brauner Zucker
- 2 Esslöffel Allzweckmehl
- ½ Tasse Himbeer-Streichfrucht
- 6 Esslöffel Margarine, geschmolzen
- 12 Unzen fettarmer Frischkäse, weich
- 6 Esslöffel Zucker
- 1½ Esslöffel Abgeriebene Zitronenschale
- 1½ Esslöffel Zitronensaft
- 2 Tassen Gefrorene Himbeeren, aufgetaut und abgetropft

ANWEISUNGEN:

a) Geben Sie den Joghurt in ein mit Kaffeefilter ausgelegtes Sieb. Legen Sie es über eine Schüssel und bedecken Sie es mit Plastikfolie. 12 Stunden kühl stellen und abtropfen lassen.

b) Ofen auf 350 °F vorheizen; Besprühen Sie zehn 4½-Zoll-Törtchenformen mit PAM. In einer Küchenmaschine Haferflocken, braunen Zucker und Mehl fein vermahlen.

c) Margarine hinzufügen; verarbeiten, bis alles gut vermischt ist. Geben Sie 3 Esslöffel Hafermischung in jede Törtchenform. Drücken Sie den Kuchen gleichmäßig auf den Boden und ½ Zoll nach oben. Stellen Sie die Törtchenformen auf ein Biskuitrollenblech und backen Sie sie 15 bis 17 Minuten lang oder bis sie goldbraun sind. Lassen Sie sie auf einem Kuchengitter vollständig abkühlen.

d) In einer Schüssel den Frischkäse glatt rühren. Abgetropften Joghurt, Zucker, Zitronenschale und Saft unterrühren. Gleichmäßig in die vorbereiteten Krusten verteilen. Mit 2 Esslöffeln Fruchtsauce belegen, abdecken und mindestens 3 Stunden kalt stellen.

e) FRUCHTSAUCE: In einem mittelgroßen Topf alle Früchte bei schwacher Hitze glatt rühren; Obst unterrühren.

65. Regenbogenfruchtkuchen

Ergibt: 8 Portionen

ZUTATEN:
- ½ Servieren von süßem Teig für Kuchen und Torten

FÜLLUNG AUS WEISSER SCHOKOLADE
- ⅔ Tasse Schlagsahne
- 10 Unzen weiße Schokolade
- 1 EL Kirsch oder weißer Rum

FERTIGSTELLUNG
- 1 Pint Erdbeeren
- 2 Kiwis
- ½ Pint Himbeeren
- Geröstete Mandelscheiben oder gehackt
- Pistazien
- Puderzucker

ANWEISUNGEN:
a) Für den Tarteboden den Backofen auf 350 Grad vorheizen und einen Rost auf die mittlere Ebene schieben. Die Tarteform mit Butter bestreichen. Rollen Sie den Teig auf einer bemehlten Arbeitsfläche aus und legen Sie eine 9-Zoll-Tarteform damit aus. Stechen Sie den Teig rundherum mit den Zinken einer Gabel ein und legen Sie ein Stück Pergament oder Wachspapier darauf.

b) Mit trockenen Bohnen füllen. Backen Sie den Tortenboden etwa 20 bis 30 Minuten lang, bis er trocken ist und eine tiefgoldene Farbe hat. Den Tortenboden auf einem Gitter abkühlen lassen.

c) Für die Schokoladenfüllung die Sahne in einem mittelgroßen Topf bei schwacher Hitze zum Kochen bringen.

d) Vom Herd nehmen und die Schokolade auf einmal hinzufügen. Schütteln Sie die Pfanne, sodass die gesamte Schokolade untergetaucht ist, und lassen Sie sie 3 Minuten lang stehen, damit die Schokolade schmilzt.

e) Likör hinzufügen und glatt rühren. Gießen Sie die Füllung in eine Schüssel und stellen Sie sie etwa 20 Minuten lang in den

Kühlschrank, bis sie eingedickt, aber nicht hart ist, und rühren Sie dabei gelegentlich um, während sie abkühlt.

f) Die Füllung leicht verquirlen, damit sie glatt genug ist, um sich verteilen zu lassen.

g) Die Füllung gleichmäßig im abgekühlten Tortenboden verteilen.

h) Ordnen Sie die Früchte in konzentrischen Reihen auf der Schokoladenfüllung an und drücken Sie sie leicht an.

i) Um die Tarte aus der Form zu lösen, stellen Sie die Tarteform auf eine große Dose oder einen Kanister und lassen Sie die Formseite nach unten fallen.

j) Schieben Sie die Tarte vom Boden der Form auf einen großen Teller mit flachem Boden.

k) Unmittelbar vor dem Servieren die Tarte mit Mandeln oder Pistazien bestreichen und mit Puderzucker bestäuben.

66. Vanille-Creme-Frucht-Tarte

Ergibt: 12 Portionen

ZUTATEN:

- ¾ Tasse Butter oder Margarine – weich
- ½ Tasse Puderzucker
- 1½ Tassen Allzweckmehl
- 10 Unzen Packung Vanillechips, geschmolzen und abgekühlt
- ¼ Tasse Schlagsahne
- 8 Unzen Packung Frischkäse, weich
- 1 Pint frische Erdbeeren, in Scheiben geschnitten
- 1 Tasse Frische Blaubeeren
- 1 Tasse Frische Himbeeren
- ½ Tasse Ananassaft
- ¼ Tasse Zucker
- 1 EL Maisstärke
- ½ TL Zitronensaft

ANWEISUNGEN:

a) In einer Schüssel Butter und Puderzucker schaumig schlagen. Mehl einrühren.

b) Auf den Boden einer gefetteten 12-Zoll-Schale einklopfen Pizzapfanne.

c) Bei 300 °C 25–28 Minuten backen oder bis es leicht gebräunt ist.

d) Cool. In einer anderen Schüssel geschmolzene Chips und Sahne verrühren.

e) Frischkäse hinzufügen; glatt rühren. Auf der Kruste verteilen. 30 Minuten kalt stellen.

f) Beeren auf der Füllung anrichten. In einem Topf Ananassaft, Zucker, Maisstärke und Zitronensaft vermischen. bei mittlerer Hitze zum Kochen bringen.

g) Unter ständigem Rühren 2 Minuten kochen lassen oder bis es eingedickt ist.

h) Cool; Über die Früchte streichen. 1 Stunde vor dem Servieren kalt stellen. Im Kühlschrank aufbewahren.

67. Parisienne-Früchtetorte

Ergibt: 6 Portionen

ZUTATEN:
- 10-Unzen-Packung gefrorener Pastetchenschalen
- Zucker
- 1 Tasse Milch
- 1 Tasse Schlagsahne
- 4-Unzen-Packung weiche Dessertmischung mit Vanillegeschmack
- 2 Bananen
- 2 Esslöffel Zitronensaft
- ⅓ Tasse Aprikosenkonfitüre
- 2 Tassen Kernlose grüne Weintrauben, gewaschen
- 8¼ Unzen geschnittene Ananas, abgetropft.

ANWEISUNGEN:
a) Nehmen Sie die Pattyschalen aus der Verpackung. Eine halbe Stunde lang bei Raumtemperatur auftauen lassen.

b) Teigkreise leicht überlappend der Länge nach auf eine leicht bemehlte Fläche legen. Zu einem 16 x 4 Zoll großen Rechteck ausrollen.

c) Auf ein ungefettetes großes Backblech legen; Kanten gleichmäßig beschneiden; Mit einer Gabel gut einstechen; 30 Minuten kalt stellen.

d) Reste dünn nachrollen; in ⅓ Zoll breite, etwa 10 cm lange Streifen schneiden; mit Wasser bestreichen; Drücken Sie die Enden zusammen, um Ringe zu bilden.

e) Ringe mit Wasser bestreichen, dann in Zucker tauchen; Zusammen mit dem Teigrechteck auf das Backblech legen.

f) Den Teig und den Teigring im Ofen bei 400 Grad 10 Minuten lang backen. Reserveringe zur Dekoration.

g) Das Teigrechteck 10 Minuten länger backen, oder bis es goldbraun ist.

h) Entfernen Sie zwei Drahtgitter; Cool.

i) Milch, ¼ Tasse Sahne und Dessertmischung in einer kleinen tiefen Schüssel vermischen. Beat, folgen Sie den Anweisungen auf dem Etikett . 15 Minuten kalt stellen.

j) Bananen schälen und in ¼ Zoll dicke Scheiben schneiden. Mit der Hälfte des Zitronensafts beträufeln.

k) Den Teig in zwei Schichten teilen.

l) Legen Sie die untere Schicht auf eine lange Servierplatte oder ein Brett. Mit etwa ⅔ des Weichdesserts bestreichen; Bananenscheiben an den langen Seitenkanten anordnen; Mit der restlichen Dessertmischung bestreichen.

m)   Mit einer zweiten Teigschicht belegen.

n) Aprikosenkonfitüre mit restlichem Zitronensaft in einer Pfanne erhitzen, bis sie geschmolzen ist; etwas abkühlen lassen. Die gesamte Torte damit bestreichen.

o) Restliche Sahne in einer Schüssel steif schlagen.

p) Schlagsahne über den Teig streichen oder verteilen.

q) Ordnen Sie die cremefarbenen Weintrauben ordentlich in Reihen an, beginnend an den Außenrändern.

r) Ananasscheiben halbieren und in die Mitte legen.

s) Mit reservierten Teigringen garnieren.

68. Erstklassige Torte mit weißen Früchten

Ergibt: 1 Portion

ZUTATEN:
- Gebäck mit einem Teigboden; 9-Zoll-Kuchen
- ⅓ Tasse Kristallzucker
- ¼ Tasse Allzweckmehl
- 3 Eigelb
- 1 Tasse Milch
- 6-Unzen-Packung weiße Backriegel, gehackt
- 1 Teelöffel Vanilleextrakt
- ¼ Tasse Aprikosenmarmelade; erwärmt
- 2 Kiwi; geschält und in Scheiben geschnitten
- 1 Tasse Himbeeren
- Premier White Leaves, optional

ANWEISUNGEN:
a) 9-Zoll-Tarteform mit Teig auslegen; Kanten beschneiden.

b) Den Teig mit einer Gabel einstechen. Im vorgeheizten Ofen bei 200 °C 10 bis 12 Minuten backen, bis die Kruste leicht gebräunt ist. Auf Raumtemperatur abkühlen lassen.

c) Zucker und Mehl in einer Pfanne vermischen; Eigelb und Milch unterrühren.

d) Bei mittlerer Hitze unter ständigem Rühren kochen, bis die Mischung kocht.

e) Hitze reduzieren. Unter ständigem Rühren 3 Minuten köcheln lassen, bis die Mischung eingedickt und glatt ist. Vom Herd nehmen.

f) Backriegel und Vanille hinzufügen; glatt rühren.

g) Drücken Sie die Plastikfolie direkt auf die Oberfläche der Füllung. vollständig abkühlen lassen.

h) Tortenboden aus der Form nehmen. Den Boden mit Marmelade bestreichen; 5 Minuten leicht stehen lassen.

i) Mit Füllung bestreichen. Obst darauf anrichten. Kühlen. Nach Wunsch mit Premier White Leaves garnieren.

GEMÜSE-TARTE

69. Alpen-Kartoffel-Tarte

Ergibt: 10 Portionen

ZUTATEN:
- 7 große Idaho-Kartoffeln
- 3 Tassen Schweizer Käse, gerieben
- 3 Tassen Sahne
- 3 Teelöffel Knoblauch, gehackt
- 1 Esslöffel Salz
- 2 Teelöffel schwarzer Pfeffer, frisch gemahlen
- 1 Esslöffel frische Thymianblätter, gehackt
- 1 Teelöffel Butter, weich
- Heizen Sie den Ofen auf 300 Grad F vor.

ANWEISUNGEN:

a) Schälen Sie die Kartoffeln und schneiden Sie sie in etwa Zentimeter dicke Scheiben. Beiseite legen.

b) In einer Schüssel die Kartoffelscheiben, die Hälfte des geriebenen Käses sowie Sahne, Knoblauch, Salz, Pfeffer und Thymian vermischen. Mischen, bis alles gut vermischt ist.

c) Fetten Sie den Boden und die Seiten einer quadratischen 9-Zoll-Kuchenform oder Auflaufform mit weicher Butter ein. Geben Sie die Kartoffelmischung auf den Boden der Pfanne und drücken Sie sie beim Hinzufügen fest an. Wenn die Mischung vollständig in der Pfanne ist, stellen Sie sicher, dass sie fest verpackt ist. Mit der restlichen Hälfte des Käses belegen.

d) Im vorgeheizten Ofen backen, bis die Oberfläche goldbraun ist, etwa 1½ Stunden. Nehmen Sie die Kartoffeln aus dem Ofen und lassen Sie sie 15 Minuten ruhen, bevor Sie sie in Scheiben schneiden. In 2 bis 3 Zoll große Quadrate schneiden.

70. Artischockentarte

Ergibt: 8 Portionen

ZUTATEN:

- 1 blind gebackener Tortenboden in einer 10er-Flöte; D
- 1 Tarteform
- 2 Esslöffel Olivenöl
- 1 Unze Pancetta; Julienne
- ½ Tasse gehackte Zwiebel
- 2 Esslöffel gehackte Schalotten
- 6 Unzen julienierte Artischockenherzen
- 1 Esslöffel gehackter Knoblauch
- ¼ Tasse Sahne
- 3 Esslöffel Chiffonade aus frischem Basilikum
- 1 Saft einer Zitrone
- ½ Tasse geriebener Parmigiano-Reggiano-Käse
- ½ Tasse geriebener Asiago-Käse
- 1 Salz; zwei Schlüssel
- 1 frisch gemahlener schwarzer Pfeffer; zwei Schlüssel
- 1 Tasse Kräuter-Tomatensauce; warm
- 1 Esslöffel Chiffonade-Basilikum
- 2 Esslöffel geriebener Parmesankäse

ANWEISUNGEN:

a) Den Backofen auf 350 Grad vorheizen.

b) In einer Bratpfanne das Olivenöl erhitzen.

c) Den Pancetta 1 Minute lang anbraten.

d) Zwiebeln und Schalotten dazugeben und 2 bis 3 Minuten anbraten.

e) Die Herzen und den Knoblauch dazugeben und weitere 2 Minuten anbraten.

f) Sahne hinzufügen. Mit Salz und Pfeffer würzen. Basilikum und Zitronensaft unterrühren.

g) Vom Herd nehmen und abkühlen lassen. Die Artischockenmischung auf dem Boden der Tarteform verteilen. Streuen Sie den Käse über die Mischung.

h) 15 bis 20 Minuten backen oder bis der Käse geschmolzen und goldbraun ist. Etwas Sauce in die Mitte des Tellers geben. Eine Scheibe Tarte in die Mitte der Soße legen.

i) Mit geriebenem Käse und Basilikum garnieren.

71. Kürbiskuchen -Käsekuchen- Tarte

Macht: 1

ZUTATEN:
DIE KRUSTE
- ¾ Tasse Mandelmehl
- ½ Tasse Leinsamenmehl
- ¼ Tasse Butter
- 1 Teelöffel Kürbiskuchengewürz
- 25 Tropfen flüssiges Stevia

DIE FÜLLUNG
a) 6 Unzen veganer Frischkäse
b) ⅓ Tasse Kürbispüree
c) 2 Esslöffel Sauerrahm
d) ¼ Tasse vegane Sahne
e) 3 Esslöffel Butter
f) ¼ Teelöffel Kürbiskuchengewürz
g) 25 Tropfen flüssiges Stevia

ANWEISUNGEN:
a) Alle Krusten vermischen trockene Inhaltsstoffe und starre gründlich.

b) Zerstampfen Sie die trockene Inhaltsstoffe Mit Butter und flüssigem Stevia vermischen, bis ein Teig entsteht.

c) Rollen Sie den Teig für Ihre Mini-Tarteformen in kleine Kugeln.

d) Drücken Sie den Teig gegen den Rand der Tarteform, bis er den Rand erreicht und nach oben geht.

e) Alle Zutaten für die Füllung in einer Schüssel vermischen.

f) Die Zutaten für die Füllung mit einem Stabmixer pürieren.

g) Sobald die Füllungszutaten glatt sind, verteilen Sie sie auf der Kruste und kühlen Sie sie ab .

h) Aus dem Kühlschrank nehmen, in Scheiben schneiden und nach Belieben mit Schlagsahne belegen.

72. Gebratene Gemüsetörtchen

Ergibt: 1 Portion

ZUTATEN:

- 450 Gramm Kartoffeln; geschält, gerieben,
- 1 groß Pastinake; geschält und gerieben
- 50 Gramm einfaches Mehl
- Salz und frisch gemahlener Pfeffer
- 3 L5ml Pflanzenöl
- 2 Pfeffer; entkernen und grob hacken
- 1 Zucchini; in Stücke schneiden
- 2 Knoblauchzehen; zerquetscht
- 1 Rote Zwiebel; in Stücke schneiden
- 2 125 g Kartoffeln; gut geschrubbt
- 25 Gramm Vegetarischer Pecorino; Flocken

ANWEISUNGEN:

a) Heizen Sie den Ofen auf 220 °C/425 °F/Gas Stufe 7 vor

b) Die geriebene Kartoffel, die Pastinake und das Mehl vermischen. Mit Salz und Pfeffer würzen, dann mit 2 x 15 ml Löffel / 2 Esslöffel Öl vermischen.

c) Auf einem gut gefetteten Backblech vier Häufchen aufteilen und mit leicht angehobenen Rändern 10 cm große Nester formen. Mit Frischhaltefolie abdecken und 30 Minuten kalt stellen.

d) In der Zwischenzeit Paprika, Zucchini, Knoblauch und Zwiebel vermischen. Schneiden Sie die Kartoffeln der Länge nach in gleich große Spalten und geben Sie sie zum übrigen Gemüse.

e) Das Gemüse im restlichen Öl mit Salz und Pfeffer vermischen und dann 20 Minuten im Ofen rösten.

f) Das Gemüse umdrehen. Decken Sie die Törtchen ab, legen Sie sie auf einem separaten Blech in den Ofen und lassen Sie sie weitere 20 Minuten lang backen.

g) Die Törtchen auf Schüsseln anrichten und geröstetes Gemüse hineinlöffeln.

h) Mit Pecorino-Käseflocken belegen und sofort servieren.

73. Brioche-Tarte mit geröstetem Gemüse und Ziegenkäse

Ergibt: 8 Portionen

ZUTATEN:
- ½ Unze frische Hefe
- 3 ½ Unzen warmes Wasser
- 8 Unzen starkes, einfaches Weißmehl
- 1 Unze Zucker
- 2 Eier
- 4 Unzen ungesalzene Butter
- 1 klein Aubergine
- 1 mittel Zucchini
- 2 Esslöffel Olivenöl
- 15 g Packung frischer Thymian
- 2 Knoblauchzehen; dick geschnitten
- 1 Rote Paprika
- 3 ½ oz Ziegenkäse; geschnitten
- Salz und frisch gemahlener schwarzer Pfeffer

ANWEISUNGEN:
a) Heizen Sie den Ofen auf 400 F vor.

b) Die Hefe mit warmem Wasser vermischen, 4 Esslöffel Mehl dazugeben, die Schüssel mit Frischhaltefolie abdecken und 10–15 Minuten an einem warmen Ort gehen lassen.

c) Das restliche Mehl in eine Schüssel geben.

d) Zucker, Eier, Hefemischung und eine Prise Salz hinzufügen. 5 Minuten lang gut schlagen.

e) Decken Sie die Schüssel mit Frischhaltefolie ab und lassen Sie den Teig 30 Minuten lang oder bis sich das Teigvolumen verdoppelt hat, an einem warmen Ort.

f) Aubergine und Zucchini längs aufschneiden.

g) Diese auf ein Backblech legen und mit Olivenöl bestreichen. 1 Knoblauchzehe und etwas Thymian darüber streuen. 10 Minuten backen.

h) Die rote Paprika auf ein separates Tablett legen, mit Olivenöl bestreichen und mit Knoblauch und Thymian bestreuen. 20 Minuten im Ofen backen, bis sie weich sind. Nach dem Abkühlen die Haut entfernen.

i) Wenn sich das Volumen des Brioche-Teigs verdoppelt hat, die Schüssel wieder in den Mixer stellen und nach und nach die weiche Butter unterrühren. Decken Sie die Schüssel wieder mit Frischhaltefolie ab und stellen Sie die Schüssel für weitere 30 Minuten an einen warmen Ort.

j) Wenn sich die Größe der Brioche verdoppelt hat, nehmen Sie sie nach etwa 30–40 Minuten aus der Schüssel. Bemehlen Sie die Arbeitsfläche leicht, rollen Sie den Teig auf eine Dicke von ¾ Zoll aus und legen Sie den Teig auf den Boden einer antihaftbeschichteten Form.

k) Den Ziegenkäse und das geröstete Gemüse auf dem Teig anrichten, dabei einen Rand von ¾ Zoll frei lassen. Mit frischem Thymian bestreuen und mit Salz und frisch gemahlenem schwarzem Pfeffer würzen.

l) 35 Minuten im Ofen backen, bis sie goldbraun sind.

m) Aus der Form nehmen und mit dem restlichen Olivenöl bestreichen.

74. Herzhafte Gemüsetarte

Ergibt: 6 Portionen

ZUTATEN:
GEBÄCKKRUST
- 2 Tassen Ungebleichtes Weißmehl
- ⅓ Tasse Vollkornmehl
- ½ TL Salz
- ½ Tasse Pflanzenöl
- 4 Esslöffel Magermilch oder fettarme Milch; je nach Bedarf bis zu 5
- 4 Teelöffel Olivenöl
- 2 groß Zwiebeln; geschnitten
- ½ TL Salz
- ¼ Teelöffel Frisch gemahlener schwarzer Pfeffer
- 2 Medien Zucchini; dünn geschnitten
- 3 Pflaumentomaten; dünn geschnitten

ANWEISUNGEN:
a) Den Ofen auf 200 °C vorheizen. In einer Schüssel Mehl und Salz vermischen.

b) Nach und nach Öl hinzufügen und die Mischung mit einer Gabel verrühren, bis sie krümelig ist. Mit einer Gabel umrühren und so viel Milch hinzufügen, bis die Mischung eine Kugel bildet. Zu einer kleinen Scheibe formen.

c) Rollen Sie den Teig zwischen zwei Blättern Wachspapier zu einem 12 Zoll großen, etwa ¼ Zoll dicken Kreis aus.

d) Entfernen Sie das obere Blatt Papier und drehen Sie den Teig, ohne ihn zu dehnen, in eine runde 9-Zoll-Tarteform mit abnehmbarem Boden.

e) Ziehen Sie das obere Stück Wachspapier vorsichtig ab. Legen Sie den Teig entlang des Bodens und der Seiten der Tarteform und schneiden Sie die Ränder ab.

f) Den Boden locker mit Folie auslegen und mit getrockneten Bohnen oder Kuchengewichten füllen.

g) 15 Minuten backen. Folie und Bohnen entfernen und weitere 15 Minuten goldbraun backen. Auf ein Kuchengitter geben und abkühlen lassen. Reduzieren Sie die Ofentemperatur auf 375 F.

h) In einer großen Pfanne Öl bei mittlerer Hitze erhitzen.

i) Zwiebeln hinzufügen und unter gelegentlichem Rühren 15 bis 20 Minuten goldbraun braten.

j) Auf den Boden geben und gleichmäßig verteilen. Mit etwas Salz und Pfeffer würzen.

k) Zucchini in die Pfanne geben und etwa 2 Minuten pro Seite leicht goldbraun braten.

l) Zucchini- und Tomatenscheiben abwechselnd kreisförmig auf den Zwiebeln anordnen und mit dem restlichen Salz und Pfeffer bestreuen. Backen, bis die Tomaten weich sind, etwa 25 Minuten. Warm servieren oder zum Abkühlen auf ein Kuchengitter legen und dann bis zum Servieren in den Kühlschrank stellen.

75. Gemüse-Pudding-Tarte

Ergibt: 1 Portion

ZUTATEN:

- ¼ Pfund Verschiedene wilde und exotische Pilze p
- 5 Scheiben rote Zwiebeln
- 5 Scheiben Aubergine
- 10 Scheiben Zucchini
- 10 Scheiben Gelber Kürbis
- ¼ Tasse Olivenöl
- Salz und frisch gemahlener schwarzer Pfeffer nach Geschmack
- 4 groß Eigelb
- 2 Tassen Schlagsahne
- ½ Tasse Frisch geriebener Parmigiano-Reggiano Käse
- 1 EL Gehackte frische Petersilienblätter
- 1 Strich Worcestersauce
- 1 Schuss scharfe Soße
- ½ einfacher Kuchenteig; rollt

ANWEISUNGEN:

a) Den Backofen auf 400 Grad vorheizen.

b) Pilze und Gemüse in eine Schüssel geben, das Olivenöl hinzufügen und mit Salz und Pfeffer würzen. Zwei Schichten auftragen.

c) Verteilen Sie das Gemüse gleichmäßig auf einem großen Backblech und rösten Sie es etwa 20 Minuten lang, bis es leicht goldbraun ist.

d) Aus dem Ofen nehmen und abkühlen lassen.

e) Reduzieren Sie die Ofentemperatur auf 350 Grad.

f) In einer anderen Schüssel Eigelb und Sahne vermischen und gut verrühren. Käse, Petersilie, Worcestershire und scharfe Soße hinzufügen und mit Salz und Pfeffer würzen.

g) Zum Mischen verquirlen.

h) Eine 25 cm tiefe Kuchenform mit dem Kuchenboden auslegen und die Ränder zusammendrücken.

i) Die Auberginen, dann den Kürbis, die Zucchini, die Pilze und die Zwiebeln auf den Boden der Pfanne schichten.

j) Die Eiermischung gleichmäßig darüber gießen.

k) Backen, bis die Mitte fest wird und die Oberseite goldbraun ist, etwa 50 Minuten.

l) Aus dem Ofen nehmen und 5 Minuten abkühlen lassen, bevor es zum Servieren in Scheiben geschnitten wird.

KÄSE-TARTS

76. Elsässer Käsekuchen

Ergibt: 10 Portionen

ZUTATEN:

- 4 Tassen Kuchenmehl
- ⅝ Tasse Zucker
- 2½ Stangen süße Butter
- 1 ganzes Ei
- 16 Unzen Ricotta-Käse
- ¾ Tasse Sahne
- 4 große Eier, getrennt
- Spritzer frischer Zitronensaft
- eine Prise frische Vanilleschotensamen ODER
- 2 Tropfen bis 3 Tropfen Vanilleextrakt
- 2 Esslöffel Kirsch
- ¾ Tasse bis 1 Tasse Zucker
- ½ Teelöffel gemahlener Zimt
- 1 Teelöffel Vanilleextrakt
- Abgeriebene Schale einer halben Zitrone

ANWEISUNGEN:

a) Alle Zutaten gut vermischen, ohne den Teig zu überarbeiten. Lassen Sie den Teig vor der Verwendung 30 Minuten ruhen.

b) Ofen auf 375F vorheizen. Rollen Sie den Teig auf einer bemehlten Oberfläche aus und legen Sie den Boden und die Seiten einer 9 bis 10 Zoll großen Torten-/Kuchenform mit dem Teig aus.

c) Ricotta und Sahne in einer Schüssel verrühren; Eigelb, Zucker, Zimt, Vanille, Kirschwasser und Zitronenschale hinzufügen. Gründlich vermischen, bis eine sehr glatte Masse entsteht.

d) Eiweiß steif schlagen und vorsichtig unter den Teig heben.

e) Den Teig in die mit Teig ausgelegte Form füllen.

f) 40 bis 45 Minuten backen oder bis es leicht aufgebläht und sehr braun ist. Lassen Sie die Torte vollständig abkühlen und stellen Sie sie dann mehrere Stunden lang in den Kühlschrank, bevor Sie sie anschneiden.

77. Amaretto-Käsekuchen-Törtchen

Ergibt: 24 Portionen

ZUTATEN:
- ⅓ Tasse Sonnenblumenkerne oder Mandeln, fein gemahlen
- 8 Unzen Frischkäse
- 1 Ei
- ⅓ Tasse ungesüßte Kokosraspeln
- 2 Esslöffel Honig
- 2 Esslöffel Amaretto-Likör

ANWEISUNGEN:
a) Die Förmchen zweier Muffinformen mit Papierförmchen auslegen.

b) Sonnenblumenkerne und Kokosnuss vermischen.

c) Geben Sie 1 Teelöffel dieser Mischung in jeden Liner.

d) Drücken Sie mit der Rückseite eines Löffels nach unten, um den Boden zu bedecken.

e) Ofen auf 325F vorheizen.

f) Für die Füllung den Frischkäse in 8 Blöcke schneiden und mit Ei, Honig und Amaretto in einer Küchenmaschine, einem Mixer oder einer Schüssel mixen, bis eine glatte und cremige Konsistenz entsteht.

g) Geben Sie einen Esslöffel der Füllung in jede Törtchenform und backen Sie sie 15 Minuten lang

78. Belgische Käsetarte

Ergibt: 8 Portionen

ZUTATEN:

- Shortbread
- ½ Pfund Frischkäse
- 3 Esslöffel Puderzucker
- 1 Teelöffel Zitronensaft
- 2 Eier; Groß
- ⅔ Tasse Schlagsahne

ANWEISUNGEN:

a) Heizen Sie den Ofen auf 350 Grad F vor. In einer Schüssel Käse, Zucker und Zitronensaft verrühren, bis die Mischung leicht und locker ist. Fügen Sie die Eier einzeln hinzu und schlagen Sie sie nach jeder Zugabe gut durch. Nach der letzten Zugabe schlagen, bis eine sehr glatte Masse entsteht.

b) Die Sahne einrühren und die Mischung in den vorbereiteten Boden gießen.

c) Bestreichen Sie die Oberseite der Torte mit einem verquirlten Ei und Puderzucker.

d) 25 Minuten backen oder bis es fest ist. Auf Raumtemperatur abkühlen lassen und vor dem Servieren kalt stellen.

79. Paprika-Käse-Tarte

Ergibt: 6 Portionen

ZUTATEN:
- 1½ Tassen Allzweckmehl
- 1 Teelöffel Zucker
- ¼ Teelöffel Salz
- ½ Tasse gekühlte ungesalzene Butter, in Stücke geschnitten
- 4 Esslöffel Eiswasser
- 10 Spargelstangen putzen und in 2,5 cm große Stücke schneiden
- 3 Esslöffel Olivenöl
- 2 Rote Paprika, in streichholzgroße Streifen geschnitten
- 2 Grüne Paprika, in streichholzgroße Streifen geschnitten
- 2 kleine Lauch, in streichholzgroße Streifen geschnitten
- 1 Tasse Geriebener Greyerzerkäse
- 1 Tasse Geriebener Mozzarella-Käse

ANWEISUNGEN:
FÜR DIE KRUSTE:
a) Mehl, Zucker und Salz in einer Küchenmaschine vermischen.

b) Fügen Sie Butter hinzu und schneiden Sie sie abwechselnd ein und aus, bis die Mischung einer groben Mahlzeit ähnelt.

c) Esslöffelweise so viel Wasser unterrühren, bis der Teig zu verklumpen beginnt.

d) Den Teig zu einer Kugel formen; Drücken Sie es flach zu einer Scheibe.

e) In Plastikfolie einwickeln und 1 Stunde im Kühlschrank lagern.

f) Den Ofen auf 350 °F vorheizen.

g) Eine Tarteform mit 9 Zoll Durchmesser und abnehmbarem Boden einfetten.

h) Rollen Sie den Teig auf einer leicht bemehlten Arbeitsfläche zu einer Zentimeter dicken Runde aus. Den Teig in die vorbereitete Tarteform geben. Kanten beschneiden.

i) 15 Minuten einfrieren. Kruste mit Folie auslegen. Mit getrockneten Bohnen füllen. 15 Minuten backen.

j) Folie und Bohnen entfernen.

k) Etwa 15 Minuten backen, bis die Ränder leicht goldbraun sind.

FÜR DIE FÜLLUNG:

l) Bringen Sie einen großen Topf Wasser zum Kochen. Spargel hinzufügen und 2 Minuten blanchieren. Abfluss. In eine Schüssel mit Eiswasser geben und abkühlen lassen.

m)   Abfluss. Öl in einer schweren großen Pfanne bei starker Hitze erhitzen. Paprika und Lauch dazugeben und ca. 10 Minuten anbraten, bis sie gerade weich sind.

n) In eine Schüssel geben. Spargel untermischen.

o) Den Ofen auf 350 °F vorheizen. Greyerzer unter das Gemüse mischen.

p) Übertragen Sie die Mischung auf die Kruste.

q) Mit Mozzarella-Käse bestreuen. Backen Sie die Tarte etwa 10 Minuten lang, bis der Käse schmilzt. Heiß servieren.

80. Frühstücks-Käse-Tarte

Ergibt: 1 Portion

ZUTATEN:

- Teig für 9-Zoll-Kuchen; Verwenden Sie einfachen Tortenboden
- 8 Unzen Schweizer oder Jarlsberg-Käse; in Stücke schneiden
- 1 Pfund Ricotta-Käse
- 3 Eier
- 1 mittel Zwiebel; fein gehackt
- 2 Knoblauchzehen; gedrückt
- ½ TL Weißer Pfeffer
- 2 Medien Große reife Tomaten; geschält und in dünne Scheiben geschnitten
- 1 Teelöffel Natives Olivenöl extra
- 1 EL Frisch geschnittener Schnittlauch
- 1 EL Gehackte Petersilie
- 1 Teelöffel Gehackter frischer Thymian;
- 1 Teelöffel Gehacktes frisches Basilikum;

ANWEISUNGEN:

a) Backofen auf 450 Grad vorheizen. Verwenden Sie eine 9 x 1 Zoll große Tarteform mit abnehmbarem Boden. Gut mit Kochspray einsprühen oder großzügig einfetten.

b) Drücken Sie den Teig so, dass er in die Form passt. Etwa 2,5 cm über den Pfannenrand hinaus glatt abschneiden, dann über den Rand zurückschlagen und kräuseln, um einen attraktiven und stabilen geriffelten Rand zu erhalten. Legen Sie die Pfanne mit Aluminiumfolie aus, die Sie auf beiden Seiten mit Kochspray besprüht haben, und stellen Sie dann eine 8 oder 9 Zoll große Kuchenform aus Glas in die Folie.

c) Drehen Sie die Masse umgedreht auf das Backblech und backen Sie sie 9 Minuten lang. Nehmen Sie die Form aus dem Ofen, drehen Sie sie um und entfernen Sie den Tortenboden und die Folie.

d) Zurück in den Ofen und weitere 5 Minuten backen. Von oben herausnehmen und beiseite stellen. Ofentemperatur auf 350 Grad senken. In einem Mixer oder einer Arbeitsschüssel einer Küchenmaschine Jarlsberg, Ricotta, Eier, Zwiebeln, Knoblauch und Pfeffer vermischen.

e) Rühren, bis alles glatt und gut vermischt ist. Gleichmäßig in die gebackene Schale gießen, die Form auf das Backblech stellen. 25 bis 30 Minuten backen, bis die Füllung teilweise fest ist. In der Zwischenzeit die Tomatenscheiben auf Küchenpapier abtropfen lassen. Die Tarte aus dem Ofen nehmen.

f) Tomatenscheiben am Rand darauf verteilen. Zurück in den Ofen und 30 bis 35 Minuten backen, bis das in der Mitte eingesetzte Messer sauber herauskommt. Tomaten mit Olivenöl bestreichen und mit frischen Kräutern bestreuen. Leichtes Stehen 20 Minuten. Entfernen Sie die Seiten der Tarteform, indem Sie den abnehmbaren Boden nach oben drücken.

g) Auf einen runden Teller legen, mit frischen Kräutern garnieren und servieren.

81. Cremige Knoblauch-Käse-Torte

Ergibt: 8 Portionen

ZUTATEN:

- 1 Gekühlter Tortenboden
- 1 Teelöffel Fluorid
- 3 Unzen Frischkäse, weich
- 6 ½ oz Packung Knoblauch und Gewürze Cremiger streichfähiger Käse
- 2 Esslöffel Butter
- 3 Eier
- ¼ Teelöffel Thymian
- ¼ Teelöffel Gemahlener roter Pfeffer
- ½ Tasse Milch oder Sahne

ANWEISUNGEN:

a) Ofen auf 375F vorheizen.

b) Die Kuchenform mit Kruste auslegen; Leicht mit Mehl bestäuben.

c) Käse und Butter glatt rühren. Eier, Thymian und rote Paprika hinzufügen; schlagen, bis es leicht und cremig ist. Milch einrühren, bis alles gut vermischt ist. In die Tortenform gießen.

d) Im unteren Drittel des Ofens etwa 30 Minuten backen, bis die Masse leicht und luftig ist und mit einem Messer sauber ist. Wenn es zu schnell bräunt, decken Sie es während der letzten 10 Minuten des Garvorgangs mit Folie ab.

e) Auf ein Kuchengitter legen und auf Raumtemperatur abkühlen lassen.

82. Curry-Chutney-Käse-Tarte

Ergibt: 24 Portionen

ZUTATEN:

- 16 Unzen Frischkäse
- 2 TL Curry Pulver
- 2 EL Sherry
- 8 Unzen Cheddar-Käse; geschreddert
- 4 Frühlingszwiebeln; dünn geschnitten
- 9 Unzen Glas Chutney

ANWEISUNGEN:

a) Geben Sie unverpackte Packungen Frischkäse in ein 2-Liter-Glas.

b) 2½ Minuten bei mittlerer Hitze in der Mikrowelle erhitzen.

c) Currypulver und Sherry untermischen. Cheddar und ¾ der Zwiebel unterheben; gut mischen.

d) Geben Sie die Mischung in einem 20 cm großen Kreis auf eine Servierplatte.

e) Mit einem Spatel eine Törtchenform formen, dabei die Seiten aufbauen und die Oberseite eindrücken.

f) Chutney in den Mixer geben und zu einer gleichmäßigen Masse pürieren.

g) In die Vertiefung der Käsetarte gießen. Kühlen, bis es fest ist.

h) Zum Servieren die Oberseite mit der restlichen Zwiebel garnieren.

83. Französische Käsetarte

Ergibt: 12 Portionen

ZUTATEN:
- 2 Tassen Allzweckmehl; ungesiebt
- ¼ Teelöffel Salz
- ½ TL Backpulver
- ⅔ Tasse Butter oder Margarine
- ⅓ Tasse Kristallzucker
- 2 Eigelb
- 2 Esslöffel Schlagsahne
- ½ TL Geriebene Zitronenschale
- 4 Esslöffel Butter oder Margarine
- ⅔ Tasse Kristallzucker
- 2 Tassen Trockener Hüttenkäse
- 1 Eigelb
- ¼ Tasse Schlagsahne
- ⅓ Tasse goldene Rosinen
- ½ TL Abgeriebene Zitronenschale
- 1 Eiweiß; leicht geschlagen
- Puderzucker

ANWEISUNGEN:
a) Mehl, Salz und Backpulver in eine Schüssel sieben.
b) Mit einem Teigmixer Butter hineinschneiden, bis die Mischung groben Krümeln ähnelt.
c) Fügen Sie ⅓ Tasse Kristallzucker, 2 Eigelb, 2 Esslöffel Sahne und ½ Teelöffel Zitronenschale hinzu; Mit einer Gabel vermischen, bis der Teig zusammenhält.
d) Auf einer leicht bemehlten Oberfläche ausrollen; ca. 2 Minuten glatt kneten.
e) Zu einer Kugel formen; In Wachspapier einwickeln. Den Teig 30 Minuten kühl stellen. Machen Sie Käse
FÜLLUNG:

f) In einer Schüssel mit einem Elektromixer bei hoher Geschwindigkeit Butter, Kristallzucker und Hüttenkäse etwa 3 Minuten lang gut verrühren.

g) Eigelb und Sahne hinzufügen; Gut schlagen. Rosinen und Zitronenschale unterrühren. Ofen auf 350 F vorheizen.

h) Leicht einfetten Eine 13 x 9 x 2 Zoll große Backform. Teilen Sie den Teig in zwei Hälften.

i) Eine Teighälfte auf einer leicht bemehlten Arbeitsfläche zu einem 33 x 23 cm großen Rechteck ausrollen.

j) Auf den Boden der vorbereiteten Pfanne geben. In die Füllung gießen und gleichmäßig verteilen.

k) Den restlichen Teig halbieren. Eine Hälfte in 5 gleich große Stücke schneiden.

l) Rollen Sie jedes Stück auf einem Brett zu einem bleistiftähnlichen Streifen von 13 Zoll Länge.

m) Ordnen Sie diese Streifen beim Befüllen der Länge nach im Abstand von 1½ Zoll an.

n) Aus dem restlichen Teig so viele Streifen formen, dass sie diagonal im Abstand von 1 ½ Zoll über die Längsstreifen passen.

o) Teigstreifen mit Eiweiß bestreichen.

p) 40 Minuten backen oder bis es goldbraun ist. 5 Minuten leicht stehen lassen.

q) Dann mit Puderzucker bestreuen und in 7,6 cm große Quadrate schneiden. Warm servieren.

84. Ziegenkäse-Spinat-Tarte

Ergibt: 8 Portionen

ZUTATEN:

- ½ Tasse gehackte Zwiebel
- 1 EL Olivenöl
- 3 Tassen entrappter und gewaschener Spinat
- 5 Eier
- 1½ Tassen frischer Ziegenkäse
- 2 Tassen Schlagsahne
- 1 Salz; zwei Schlüssel
- 1 frisch gemahlener weißer Pfeffer; zwei Schlüssel
- 1 9 Zoll große vorgebackene einfache Tortenschale
- 2 EL gehackten Schnittlauch
- 2 Esslöffel fein gewürfelte rote Paprika

ANWEISUNGEN:

a) Ofen vorheizen auf 350 Grad. In einer Pfanne die Zwiebel in Öl 5 Minuten lang anbraten, bis sie weich ist. Fügen Sie unter Rühren eine Handvoll Spinat pro Stunde hinzu.

b) Kochen, bis der Spinat zusammenfällt, seine Flüssigkeit abgibt und die Flüssigkeit verdunstet.

c) Zum Abkühlen in eine Schüssel geben. In einer anderen Schüssel Eier mit Ziegenkäse verrühren, Sahne hinzufügen und die abgekühlte Spinatmischung unterrühren. mit Salz und Pfeffer würzen. Tortenboden füllen. 30 Minuten backen, bis die Creme an den Rändern fest, in der Mitte aber noch leicht feucht ist.

d) Vor dem Schneiden in Spalten etwa 10 Minuten auf einem Gitter abkühlen lassen. Mit geschnittenem Schnittlauch und gewürfelter roter Paprika garniert servieren.

85. Goldene Ananas-Käse-Torte

Ergibt: 12 Portionen

ZUTATEN:

- 2 Tassen Ungesiebtes Mehl
- ¼ Teelöffel Salz
- ½ TL Backpulver
- ⅔ Tasse Butter oder Margarine
- ⅓ Tasse Zucker
- 2 Eigelb
- 2 Esslöffel Creme
- ½ TL Geriebene Zitronenschale
- 8 Unzen Zerkleinerte Ananas
- 4 Esslöffel Butter oder Margarine
- ⅔ Tasse Zucker
- 16 Unzen Frischkäse, weich
- 1 Eigelb
- ¼ Tasse Schlagsahne
- ½ Tasse goldene Rosinen
- 1 Teelöffel Geriebene Zitronenschale

ANWEISUNGEN:
GEBÄCK:

a) In einer Schüssel Mehl, Salz und Backpulver sieben.

b) Mit einem Teigmixer ⅔ Tasse Butter hineinschneiden, bis die Mischung groben Krümeln ähnelt.

c) Zucker, 2 Eigelb, Sahne und Zitronenschale hinzufügen.

d) Mit den Händen verrühren, bis die Mischung zusammenhält. Mehl und etwa 2 Minuten kneten,

e) Den Teig 30 Minuten lang auf Wachspapier kühl stellen.

f) Lassen Sie die Ananas abtropfen und heizen Sie den Ofen auf 350 Grad F vor. Fetten Sie eine 10-Zoll-Springform ein.

g) Entfernen Sie den Pfannenrand.
FÜLLUNG:

h) In einer Schüssel Butter, Zucker und Frischkäse mit hoher Geschwindigkeit verrühren, bis eine homogene Masse entsteht.

i) Eigelb und Sahne hinzufügen. Ananas, Rosinen und Zitronenschale unterrühren. Beiseite legen.

j) ¾ des Blätterteigs auf den Boden der Springform geben.

k) Den Teig so ausrollen, dass er in die Form passt. 12 Minuten backen oder bis es goldbraun ist; Cool. Ersetzen Sie die Seite der Feder von der Pfanne.

l) Die Füllung in die Form gießen und gleichmäßig verteilen.

m) Den oberen Rand der Füllung mit dem restlichen Teig verzieren .

n) 40 Minuten backen oder bis es goldbraun ist. 10 Minuten abkühlen lassen. Mit Puderzucker bestreuen. Warm oder bei Zimmertemperatur servieren. Gekühlt lagern.

86. Trauben Geist Johannisbeertorte mit Fontina-Käse

Ergibt: 8 Portionen

ZUTATEN:

- ½ Tasse Kochendes Wasser
- ¼ Tasse Getrocknete Johannisbeeren
- 6 Scheiben Weißbrot ¾ Unze pro Scheibe
- Gemüse-Kochspray
- 1½ Tassen Magermilch; geteilt
- 1¼ Tassen Gewürfelter Fontina-Käse 5 Unzen
- 1¼ Tassen Kernlose rote Trauben; Hälfte
- 2 Esslöffel Allzweckmehl
- ⅓ Tasse Zucker
- 2 Esslöffel Gelbes Weizenmehl
- 1 Teelöffel Abgeriebene Zitronenschale
- 3 Eiweiß; leicht geschlagen
- 1 Eier; leicht geschlagen
- 1 Teelöffel Natives Olivenöl extra
- 1 EL Zucker
- 2 Teelöffel Gehackter frischer Rosmarin

ANWEISUNGEN:

a) Ofen vorheizen auf 350 Grad.

b) Kochendes Wasser und Johannisbeeren vermischen; 15 Minuten leicht stehen lassen. Abtropfen lassen und beiseite stellen. Krusten vom Brot entfernen; Krusten wegwerfen.

c) Schneiden Sie jede Scheibe in 4 Dreiecke; Legen Sie die Dreiecke in einer einzigen Schicht in eine mit Kochspray beschichtete 10-Zoll-Quicheform. Gießen Sie ½ Tasse Milch über das Brot; 5 Minuten leicht stehen lassen. Mit Johannisbeeren, Käse und Weintrauben belegen.

d) Mehl in eine Schüssel geben und nach und nach die restliche 1 Tasse Milch hinzufügen und mit einem Schneebesen verrühren, bis alles vermischt ist.

e) ⅓ Tasse Zucker, Maismehl, Zitronenschale, Eiweiß und Ei einrühren; über die Torte gießen. Öl über die Tarte träufeln und mit 1 Esslöffel Zucker und Rosmarin bestreuen.

f) 45 Minuten backen oder bis es fest ist; Auf einem Kuchengitter leicht abkühlen lassen

87. Kräuterkäsetörtchen

Ergibt: 24 Portionen

ZUTATEN:

- ⅓ Tasse Feine trockene Semmelbrösel oder fein zerkleinerter Zwieback
- 8 Unzen Packung Frischkäse, weich
- ¾ Tasse Hüttenkäse im Sahne-Stil
- ½ Tasse Geriebener Schweizer Käse
- 1 EL Allzweckmehl
- ¼ Teelöffel Getrocknetes Basilikum, zerkleinert
- ⅛ Teelöffel Knoblauchpulver
- 2 Eier
- Antihaft-Sprühbeschichtung
- Sauerrahm aus Milchprodukten
- in Scheiben oder Scheiben geschnittene entkernte reife Oliven, roter Kaviar
- gerösteter roter Pfeffer

ANWEISUNGEN:

a) Für den Boden 24 Muffinförmchen mit 3,8 cm Durchmesser mit Antihaft-Sprühbeschichtung einsprühen.

b) Streuen Sie Semmelbrösel oder zerkleinerten Zwieback auf den Boden und die Seiten, um ihn zu bedecken.

c) Pfannen schütteln, um überschüssige Krümel zu entfernen. Beiseite legen.

d) In einer kleinen Rührschüssel Frischkäse, Hüttenkäse, Schweizer Käse, Mehl, Basilikum und Knoblauchpulver vermischen. Mit einem Elektromixer bei mittlerer Geschwindigkeit schaumig schlagen.

e) Eier hinzufügen; Bei niedriger Geschwindigkeit schlagen, bis alles gut vermischt ist. Nicht übertreiben.

f) Füllen Sie jedes mit Krümeln ausgelegte Muffinförmchen mit 1 Esslöffel der Käsemischung. Im Ofen bei 180 °C 15 Minuten lang backen oder bis die Mitte fest erscheint.

g) In Pfannen auf Gitterrosten 10 Minuten abkühlen lassen. Aus der Pfanne nehmen.

h) Auf Gitterrosten gründlich abkühlen lassen.

i) Zum Servieren die Spitzen mit saurer Sahne bestreichen. Mit Oliven, Kaviar, Schnittlauch und/oder Paprika und Olivenausschnitten garnieren. Ergibt: 24 Törtchen.

j) Die Törtchen wie angegeben backen und abkühlen lassen, jedoch nicht mit Sauerrahm bestreichen oder mit Garnitur belegen.

k) Abdecken und im Kühlschrank bis zu 48 Stunden kalt stellen. Lassen Sie die Törtchen vor dem Servieren 30 Minuten bei Raumtemperatur stehen.

l) Mit Sauerrahm bestreichen und nach Anweisung garnieren.

88. Mediterrane Käsetarte

Ergibt: 12 Portionen

ZUTATEN:
- 8 Blätter gefrorener Phyllo-Teig; aufgetaut
- ¼ Tasse Butter; geschmolzen
- ¼ Tasse Parmesan Käse; gerieben
- ½ Tasse Zwiebel; gehackt
- 1 Teelöffel Frischer Rosmarin; geschnippelt
- ¼ Teelöffel getrockneter Rosmarin, zerstoßen)
- 1 EL Olivenöl
- 5 Unzen Gefrorener gehackter Spinat; aufgetaut
- ⅓ Tasse Geröstete Pinienkerne oder Walnüsse
- 1 Eier
- 1 Tasse Ricotta-Käse
- ½ Tasse Feta Käse; zerbröckelt
- ¼ Tasse Ölpackung sonnengetrocknete Tomaten; entwässert
- ¼ Teelöffel Grob gemahlener Pfeffer
- 1 EL Parmesan Käse; gerieben

ANWEISUNGEN:
a) Phyllo entfalten; Decken Sie es mit Plastikfolie oder einem feuchten Handtuch ab, damit es nicht austrocknet.

b) Legen Sie auf eine trockene Arbeitsfläche ein Blatt Phyllo; Mit Butter bestreichen.

c) Mit einem weiteren Blatt Filo belegen, mit Butter bestreichen und mit 1 Esslöffel Parmesankäse bestreuen.

d) Wiederholen Sie den Vorgang mit den restlichen Phyllo-Blättern, Butter und Parmesan.

e) Schneiden Sie das Phyllo mit einer Küchenschere in einen 11-Zoll-Kreis.

f) Geben Sie den Blätterteig gleichmäßig in die vorbereitete Form, falten Sie ihn nach Bedarf und achten Sie darauf, dass der Blätterteig nicht zerreißt. Decken Sie die Pfanne mit einem Dampftuch ab; beiseite legen.

g) Für die Füllung: Zwiebeln und Rosmarin in Olivenöl in einem mittelgroßen Topf kochen, bis die Zwiebeln weich sind. Spinat und Pinienkerne unterrühren.

h) In der mit Phyllo ausgelegten Springform verteilen. Beiseite legen.

i) Eier in einer Schüssel leicht schlagen. Ricotta, Feta, Tomaten und Pfeffer unterrühren. Vorsichtig auf der Spinatmischung verteilen. Mit 1 Esslöffel Parmesankäse bestreuen.

j) Stellen Sie die Springform auf eine flache Backform auf dem Backofenrost. Im Ofen bei 350 °C 35 bis 40 Minuten backen oder bis die Mitte beim Schütteln fast fest erscheint.

k) Die Tarte in der Springform auf einem Kuchengitter 5 Minuten lang abkühlen lassen. Lösen Sie die Seiten der Pfanne. Weitere 15 bis 30 Minuten abkühlen lassen. Entfernen Sie vor dem Servieren den Rand der Feder aus der Pfanne. Warm servieren.

89. Zitronen-Käse-Törtchen

Ergibt: 1 Portion

ZUTATEN:

- ¼ Tasse Zitronensaft
- Abgeriebene Schale von 1 ½ Zitronen
- ½ Tasse Plus 1 Esslöffel Zucker
- 2 Eier; der Beat
- ¼ Tasse Butter oder Margarine -Frischkäseschalen---
- ½ Tasse Butter oder Margarine; aufgeweicht
- 3 Unzen Packung Frischkäse; aufgeweicht
- 1 Tasse Allzweckmehl
- Schlagsahne

ANWEISUNGEN:

a) Zitronensaft, Schale und Zucker auf einem Wasserbad vermischen; Eier und Butter unterrühren.

b) Über kochendem Wasser unter ständigem Rühren kochen, bis es eindickt.

c) Die Füllung mit einem Löffel in Frischkäseschalen füllen; Mit Schlagsahne garnieren.

d) Butter und Frischkäse vermischen und glatt rühren; Mehl hinzufügen und gut vermischen. 1 Stunde kalt stellen.

e) Formen Sie den Teig zu 2,5 cm großen Kugeln. Jeweils in eine gut gefettete Mini-Muffinform geben und zu einer Schale formen.

f) 25 Minuten bei 350 Grad backen. Vor dem Befüllen abkühlen lassen.

90. Papaya-Frischkäse-Tarte mit Macadamianüssen

Ergibt: 8 Portionen

ZUTATEN:

- 2 Tassen Mehl
- 6 Unzen kalte ungesalzene Butterwürfel
- ¼ Teelöffel Salz
- ½ TL Zucker
- ⅓ Tasse Kaltes Wasser
- 12 Unzen Frischkäse
- 4 Unzen Fette Schlagsahne
- ½ Tasse Puderzucker
- ½ TL Vanilleextrakt
- 1 Sehr reife Papaya, geschält, in ¼" Scheiben geschnitten
- ½ Tasse Pfirsichglasur, geschmolzen
- ½ Tasse Macadamianüsse, geröstet
- 8 Unzen Bitterschokolade
- 8 Unzen halbsüße Schokolade
- 2½ Tassen Schlagsahne
- 4 Esslöffel Warmes Wasser

ANWEISUNGEN:

a) Bereiten Sie die Tortenschale vor: Sieben Sie Mehl, Salz und Zucker zusammen. Butterwürfel mit der Mehlmischung und Wasser bestreichen und verkneten, bis sie formbar, aber nicht homogen sind.

b) Reste der Butter übrig lassen, sonst wird der Teig zu elastisch. Rollen Sie den Teig vorsichtig auf eine Dicke von ¼ Zoll aus und legen Sie ihn auf eine Tarteform. Schneiden Sie die Ränder ab und stechen Sie mit einer Gabel in den Boden des Teigs. Im Ofen bei 350 Grad Fahrenheit etwa zehn Minuten lang backen oder bis die Tortenschale leicht braun wird. Kühlen.

c) Bereiten Sie die Frischkäsefüllung vor: Schlagen Sie die Schlagsahne auf, bis sich weiche Spitzen bilden. Den Frischkäse in einem Mixer schlagen, bis er schaumig wird. Schlagsahne, Puderzucker und Vanilleextrakt unterheben.

d) Beiseite legen.

e) Den Tortenboden mit der Frischkäsemischung füllen.

f) Papayascheiben windradförmig auf dem Frischkäse anordnen. Macadamia-Nüsse in die Mitte der Tarte legen. Bestreichen Sie die Oberseite der Torte mit einem Backpinsel mit Pfirsichglasur. Vor dem Servieren ½ Stunde im Kühlschrank lagern.

g) Bereiten Sie Schokoladensauce zu: Erhitzen Sie Bitterschokolade, halbsüße Schokolade, Sahne und warmes Wasser in einem Topf und rühren Sie dabei häufig um, bis die Sauce eine glatte Konsistenz hat.

h) Zum Servieren: Die Torte in 8 Stücke schneiden. Schokoladensauce auf einen Teller träufeln und auf jeden Teller ein Stück der Tarte legen.

91. Ricotta-Käse-Spinat-Tarte

Ergibt: 6 Portionen

ZUTATEN:

- 14 Unzen starkes einfaches Mehl
- 1 Prise Salz
- 1 Packung Waitrose Frischer Basilikum und Thymian, gehackt
- 3 Esslöffel Olivenöl
- 3 Eier, der Beat
- 250 g Dose Ricotta-Käse
- 500-g-Packung gefrorener Ganzblattspinat
- Frisch geriebener Muskatnuss
- 2 Eier
- 1 ¾ Unzen Pinienkerne, geröstet
- 1 Zitrone; Schale von
- 3 ½ Unzen geriebener Parmesan
- Salz und frisch gemahlener schwarzer Pfeffer
- Milch zum Glasieren

ANWEISUNGEN:

a) Das Mehl in eine Schüssel sieben und Salz und Kräuter hinzufügen.

b) Machen Sie eine Mulde in der Mitte. Das Öl hinzufügen und dann nach und nach die Eier hinzufügen.

c) Alles glatt rühren, bei Bedarf etwas Wasser hinzufügen.

d) 10 Minuten lang kneten, dann in Frischhaltefolie einwickeln und 30 Minuten lang in den Kühlschrank stellen.

e) Alle Zutaten für die Füllung vermischen.

f) Auf einer bemehlten Arbeitsfläche zwei Drittel der Nudeln ausrollen und eine quadratische Form damit auslegen.

g) Die Füllung in die Nudeln geben und glatt streichen, sodass der Boden bedeckt ist.

h) Die restlichen Nudeln ausrollen und die Oberseite abdecken.

i) Befeuchten Sie die Ränder und versiegeln Sie sie mit etwas Wasser.

j) Überschüssige Nudeln abschneiden, mit etwas Milch bestreichen, einstechen und in die Mitte des vorgeheizten Ofens stellen.

k) Bei 200 °C 25–30 Minuten backen, bis die Oberfläche goldbraun ist.

92. Käsetarte aus dem Südwesten

Ergibt: 8 Portionen

ZUTATEN:

- 1 EL Öl
- ½ Tasse gehackte rote Paprika
- ½ Tasse gehackte Zwiebel
- 1 EL zerhackter Knoblauch
- 1 EL gehackter Jalapenopfeffer
- 4 Eier
- 2 Tassen Schlagsahne
- 2 Tassen Jalapeno-Jack-Käse
- 1 Tasse geröstete Maiskörner; Plus
- 1 extra gerösteter Maiskern; für garnieren
- 1 Tasse gekochte schwarze Bohnen; gespült
- ½ TL gemahlener Kreuzkümmel
- ¼ Teelöffel Chilipulver
- 1 Salz; zwei Schlüssel
- 1 frisch gemahlener weißer Pfeffer; zwei Schlüssel
- 1 neun Zoll große vorgebackene Tortenschale
- 1 Pico de Gallo servieren
- 1 gehackter Koriander; für garnieren

ANWEISUNGEN:

a) In einer Pfanne Öl erhitzen und Paprika, Zwiebeln und Knoblauch weich kochen; Zum Abkühlen beiseite stellen.

b) In einer Schüssel Eier und Sahne verquirlen, bis alles gut vermischt ist. Das sautierte Gemüse und die restlichen Zutaten unterrühren und mit Gewürzen, Salz und Pfeffer würzen. Gießen Sie die Eimischung in die Tortenform und backen Sie sie 30 Minuten lang oder bis sich die Creme fest anfühlt.

c) Vor dem Schneiden kurz abkühlen lassen. Mit Pico De Gallo servieren, mit gerösteten Maiskörnern und gehacktem Koriander bestreut servieren.

PILZTARTE

93. Exotische Pilztarte

Ergibt: 8 Portionen

ZUTATEN:
- 2½ Tassen Mehl; Plus
- 2 Esslöffel Mehl
- 2 Teelöffel Salz
- ½ TL Cayenne
- 1 Tasse Schmalz
- 2 Esslöffel Eiswasser
- 2 Esslöffel Butter
- ½ Tasse Gehackte Zwiebeln
- Salz; zwei Schlüssel
- Frisch gemahlener schwarzer Pfeffer; zwei Schlüssel
- 4 Tassen Geschnittene exotische Pilze
- 2 Teelöffel Gehackter Knoblauch
- 2 Tassen Schlagsahne
- 3 Eier
- 1 Spritzer Peperonisauce
- 1 Strich Worcestersauce
- 1 Tasse Geriebener weißer Cheddar-Käse
- 4 Unzen Parmigiano-Reggiano-Käse; rasiert
- 2 Tassen Erbsensprossen

ANWEISUNGEN:
a) Ein Schuss weißes Trüffelöl

b) In einer Schüssel 2½ Tassen Mehl, 2 Teelöffel Salz und ¼ Teelöffel Cayennepfeffer vermischen. Schneiden Sie das Schmalz mit einem Mixer ein, bis die Mischung einer groben Mahlzeit ähnelt.

c) Das Eiswasser hinzufügen und verrühren, bis sich der Teig vom Schüsselrand löst. Den Teig zu einer Kugel formen und mit Plastikfolie abdecken. In den Kühlschrank stellen und 1 Stunde kalt stellen.

d) Den Backofen auf 350 Grad vorheizen. Den Teig aus dem Kühlschrank nehmen und etwa 5 Minuten ruhen lassen. Eine

Arbeitsfläche leicht mit dem restlichen Mehl bestäuben. Rollen Sie den Teig zu einem 12 Zoll großen Kreis mit einer Dicke von etwa ¼ Zoll aus.

e) Falten Sie den Teig in Viertel und legen Sie ihn in eine 10-Zoll-Tarteform. Rollen Sie ein hölzernes Nudelholz über die Pfanne, um den überschüssigen Teig abzuschneiden.

f) Den Boden der Kruste rundum mit einer Gabel einstechen. In einer mittelgroßen Bratpfanne bei mittlerer Hitze die Butter schmelzen. Fügen Sie die Zwiebeln hinzu. Mit Salz und Pfeffer würzen. 1 Minute anbraten. Die Pilze hinzufügen. Mit Salz und Pfeffer würzen.

g) Weiter 3 bis 4 Minuten anbraten oder bis die Pilze welk sind.

h) Den Knoblauch einrühren und vom Herd nehmen. Vollständig abkühlen lassen. In einer Schüssel Sahne und Eier verquirlen. Mit einem ¾ Teelöffel Salz, Pfeffer, scharfer Pfeffersauce und Worcestershire-Sauce würzen.

i) Gut mischen. Gießen Sie die Pilzmischung in die Teigschale. Den Käse über die Pilze streuen. Die Sahnemischung über den Käse gießen.

j) Backen, bis die Mitte fest wird und die Oberseite goldbraun ist, etwa 55 Minuten. Aus dem Ofen nehmen und 5 Minuten abkühlen lassen, bevor es zum Servieren in Scheiben geschnitten wird. In einer Schüssel die Erbsensprossen mit dem Trüffelöl vermischen. Mit Salz und Pfeffer würzen. Zum Servieren eine Scheibe der Torte in die Mitte jedes Tellers legen.

k) Jeweils mit einem Haufen Erbsensprossen garnieren.

94. Blätterteigpilztörtchen

Ergibt: 30 Portionen

ZUTATEN:
- 1 Pfund Frische Pilze
- 1 mittel Zwiebel
- ½ Tasse Petersilie; frisch
- ½ Tasse Weißwein
- Bindestrich Pfeffersoße
- 4 Filo-Teig; aufgetaut
- 6 Esslöffel Geschmolzene Butter
- 4 Unzen Monterey-Jack-Käse; gewürfelt

ANWEISUNGEN:
a) Ofen auf 400 vorheizen.

b) Champignons, Zwiebeln und Petersilie hacken. In einer großen Pfanne Pilze, Zwiebeln, Petersilie, Wein und Peperonisauce vermischen. Abdeckung.

c) 5–7 Minuten kochen, bis die Pilze weich sind, dabei gelegentlich umrühren.

d) Aufdecken und kochen, bis die Flüssigkeit verdampft ist. Cool.

e) 1 Blatt Blätterteig leicht mit zerlassener Butter bestreichen.

f) Legen Sie ein weiteres Teigblatt auf das erste Blatt.

g) Mit Butter bestreichen. Mit dem restlichen Teig und der Butter wiederholen.

h) Schneiden Sie den Stapel in 2–½ Zoll große Quadrate.

i) Drücken Sie jedes Stück vorsichtig in eine ungefettete Mini-Muffinform.

j) Geben Sie etwa 2 Teelöffel Pilzmischung in jede Tasse. Jeweils mit einem Käsewürfel belegen.

k) 15–18 Minuten backen oder bis es hellbraun ist. Warm servieren.

95. Gegrillte Auberginen - Pilz-Tarte

Ergibt: 8 Portionen

ZUTATEN:

- Kochspray
- 1 groß Aubergine; geschält und in ½-Zoll-Scheiben geschnitten
- 6 groß Kartoffeln; geschält und in ½-Zoll-Scheiben geschnitten
- 6 groß Portabella-Pilze; Kappen und Stiele getrennt, Kappen ganz gelassen, Stiele in Scheiben geschnitten
- Olivenöl zum Bestreichen
- 1 EL Olivenöl; für Semmelbrösel
- Salz und Pfeffer
- ¼ Tasse Petersilie; gehackt
- ¼ Tasse Basilikum; Julienne
- ¾ Tasse Geriebener frischer Parmesankäse; oder Pecorino Romano
- 1 Tasse Frische Semmelbrösel
- 1 EL Olivenöl
- 1 klein Zwiebel; gehackt
- 1 Stangensellerie; gehackt
- 4 groß Tomaten; entkernt und grob gehackt
- ½ Tasse Geriebene Möhren
- 1 Teelöffel Frischer Thymian; oder ½ Teelöffel getrockneter Thymian
- 1 Teelöffel Frischer Zitronensaft
- 2 Teelöffel Frische Petersilie; gehackt

ANWEISUNGEN:

a) Relish zubereiten: Das Öl in einem nicht reaktiven Topf erhitzen. Zwiebel und Sellerie hinzufügen und bei mittlerer Hitze 3 Minuten anbraten.

b) Tomaten, Karotten, Thymian sowie Salz und Pfeffer nach Geschmack unterrühren. Das Relish sanft köcheln lassen, bis die meiste Flüssigkeit verkocht ist. Vom Herd nehmen.

c) Erwärmen Sie das Relish kurz vor dem Servieren noch einmal. Vom Herd nehmen und Zitronensaft und Petersilie unterrühren.

d) Sprühen Sie den Grillrost gut mit Kochspray ein. Den Grill auf mittlere bis hohe Hitze vorheizen. Auberginen, Kartoffeln und Pilze gut mit Olivenöl bestreichen und auf beiden Seiten mit Salz und Pfeffer würzen.

e) Sprühen Sie eine 9-Zoll-Kuchenform oder eine Tarteform gut mit Kochspray ein. Erhitzen Sie die Form entweder im Ofen oder auf Ihrem Grill, sofern dieser groß genug ist. Halten Sie ihn heiß.

f) Das gesamte Gemüse auf beiden Seiten grillen, bis es gut gebräunt und weich ist. Pilzkappen in dünne Scheiben schneiden. Machen Sie Schichten in der Kuchen- oder Tarteform – Auberginen, Kartoffeln, Pilze, und streuen Sie zwischen jede Gemüseschicht etwas Petersilie, Basilikum und geriebenen Käse. Warm halten.

g) In einer kleinen Pfanne die 3 Esslöffel Olivenöl bei mittlerer bis hoher Hitze erhitzen, bis es heiß ist. Semmelbrösel hinzufügen und goldbraun anbraten.

h) Torte mit Semmelbröseln belegen. Sofort mit einem kleinen Pool Tomatenrelish unter jedem Keil servieren.

96. Pilz-Phyllo-Törtchen

Ergibt: 4 Portionen

ZUTATEN:

- ¾ Tasse Milchsauerrahm
- 3 Unzen Frischkäse; aufgeweicht
- ¼ Tasse Paniermehl
- 1 EL Getrocknetes Dillkraut
- ½ TL Salz
- 1 EL Zitronensaft
- 4,5 Unzen geschnittene Green Giant-Pilze
- 1 Knoblauchzehen; gehackt
- ½ Tasse Butter oder Margarine
- 8 Gefrorene Blätterteigblätter

ANWEISUNGEN:

a) Den Ofen auf 350 Grad vorheizen.

b) In einer Schüssel Sauerrahm, Frischkäse, Semmelbrösel, Dillkraut, Salz und Zitronensaft vermischen. gut vermischen. In Scheiben geschnittene Champignons unterrühren. Beiseite legen.

c) Um Knoblauchbutter zuzubereiten, kochen Sie den Knoblauch in einer kleinen Pfanne bei schwacher Hitze unter ständigem Rühren in der Butter, bis er weich ist. 16 Muffinförmchen mit Knoblauchbutter bestreichen. Beiseite legen.

d) Ein großes Backblech mit Knoblauchbutter bestreichen. Rollen Sie Phyllo-Blätter ab; Mit Plastikfolie oder einem Handtuch abdecken. Ein Phyllo-Blatt leicht mit Knoblauchbutter bestreichen; Auf das mit Butter bestrichene Backblech legen.

e) Das zweite Phyllo-Blatt leicht mit Knoblauchbutter bestreichen; Legen Sie es auf das erste mit Butter bestrichene Blech. Wiederholen Sie den Vorgang mit den restlichen Phyllo-Blättern. Schneiden Sie mit einem scharfen Messer alle Schichten der Phylloblätter durch, sodass 16 Rechtecke entstehen.

f) Drücken Sie jedes Rechteck leicht in eine mit Knoblauchbutter bestrichene Muffinform. In jede Tasse einen gehäuften Esslöffel Sauerrahmmischung geben. Jeweils mit dem ganzen Pilz belegen und dabei den Stiel in die Füllung drücken. Mit restlicher Knoblauchbutter beträufeln.

g) Bei 350 Grad 18–20 Minuten backen oder bis es leicht goldbraun ist.

97. Räucherpilz-Tarte

Ergibt: 8 Portionen

ZUTATEN:

- ⅓ Butterteig
- 1 Eiweiß, leicht geschlagen
- 2 Esslöffel Butter
- 10 Unzen Frische Champignons, in Scheiben geschnitten
- 7 Unzen Shitake-Pilze, Stiele entfernt
- Entenpilze in Scheiben geschnitten
- 1 EL Gehackter frischer Knoblauch
- 2 Teelöffel Getrockneter Oregano, zerstoßen
- ⅛ Teelöffel Gemahlener schwarzer Pfeffer
- ½ Pfund Geräucherter Mozzarella-Käse, in dünne Scheiben geschnitten
- 2 Esslöffel Reibt Asiago- oder Parmesankäse
- ⅓ Tasse Walnussstücke
- 1 EL Gehackte glatte Petersilie

ANWEISUNGEN:

a) Heizen Sie den Ofen auf 400 F vor. Rollen Sie den Teig auf einer leicht bemehlten Oberfläche zu einer 14-Zoll-Runde aus.

b) In eine 11-Zoll-Tarteform mit abnehmbarem Boden geben.

c) Kanten beschneiden; Den Boden mit den Zinken einer Gabel einstechen.

d) Den Teigmantel mit Folie und Teiggewichten, getrockneten Bohnen oder rohem Reis auslegen. 15 Minuten backen.

e) Folie und Gewichte entfernen.

f) 5 bis 6 Minuten länger backen oder nur so lange, bis der Teig anfängt, goldbraun zu werden. Mit Eiweiß bestreichen; 1 Minute länger backen.

g) Auf einem Kuchengitter vollständig abkühlen lassen. In einer großen Pfanne Butter bei mittlerer bis niedriger Hitze schmelzen.

h) Pilze, Knoblauch, Oregano und Pfeffer hinzufügen.

i) Etwa 8 Minuten anbraten, bis die Pilze goldbraun sind und die Flüssigkeit verdampft ist. auf Raumtemperatur abkühlen lassen.

j) Bedecken Sie den Boden der Tortenschale mit Mozzarella und schneiden Sie Scheiben, um die Lücken zu füllen.

k) Mit der Pilzmischung belegen und dann mit Asiago und Walnüssen bestreuen.

l) 20 Minuten backen. 5 Minuten auf dem Kuchengitter abkühlen lassen, bevor der äußere Ring entfernt wird. Warm servieren.

98. Dreifach-Pilz-Tarte

Ergibt: 10 Portionen

ZUTATEN:
- 1 Ungebackener, gekühlter Kuchen Kruste
- 1 Tasse Gehackter frischer Shiitake Pilze
- 1 Tasse Frisch geschnitten, weiß oder braun Pilze
- 1 Tasse Gehackte frische Austern Pilze
- ¼ Teelöffel Getrockneter Majoran
- 2 Esslöffel Butter
- ¾ Tasse Geriebener Gruyere-Käse
- ¾ Tasse Geriebener Schweizer Käse
- ½ Tasse Gehackter kanadischer Speck
- 2 Eier, leicht geschlagen
- ½ Tasse Milch
- 1 EL Geschnittener frischer Schnittlauch
- Kanadischer Speck, dünn geschnitten
- Keile, optional

ANWEISUNGEN:
a) Drücken Sie den Teig in eine 9-Zoll-Tarteform mit abnehmbarem Boden. Flöten Sie ihn und schneiden Sie ihn gleichmäßig mit Spitze. Mit einer doppelten Lage Folie auslegen; bei 450F backen. 8 Minuten.

b) Entfernen Sie die Folie und backen Sie den Teig 4–5 Minuten lang weiter, bis er fest und trocken ist.

c) Biegen Sie über zwei 375F ab.

d) Pilze in Butter 4-5 Minuten kochen, bis die Flüssigkeit verdampft ist.

e) Vom Herd nehmen.

f) Mischen Sie Gruyere, Schweizer Käse und kanadischen Speck.

g) Pilze, Milch, Eier und Schnittlauch hinzufügen. In die Tortenkruste gießen.

h) Etwa 20 Minuten backen, bis es fest und goldbraun ist.

i) In einer Pfanne auf einem Kuchengitter 10–15 Minuten abkühlen lassen. Entfernen.

j) In Spalten schneiden und mit kanadischen Speckspalten garnieren.

99. Waldpilz-Ziegenkäse-Tarte

Ergibt: 2 Portionen

ZUTATEN:

- 375 Gramm fertig ausgerollter Blätterteig
- 1 Eier; der Beat
- 50 Gramm Butter
- 250 Gramm Gemischte Pilze p
- 2 groß Knoblauchzehe
- 1 klein Bund glatte Petersilie
- 1 EL Balsamico Essig
- 150 Gramm Ziegencremekäse
- 2 Esslöffel Olivenöl
- 100 Gramm Kirschtomaten
- 1 Zitrone
- 1 klein Bund Basilikum
- 100 Gramm Babyspinatblätter

ANWEISUNGEN:

a) Backofen auf 220 °C/425 °F/Gasstufe 7 vorheizen.

b) Legen Sie den Teig auf eine leicht bemehlte Fläche, schneiden Sie zwei 12 x 15 cm große Rechtecke aus und legen Sie sie auf ein antihaftbeschichtetes Backblech.

c) Das geschlagene Ei damit bestreichen und mit der Spitze eines scharfen Messers einen 1 cm breiten Rand auf der Innenseite jedes Törtchens markieren.

d) Stechen Sie das mittlere Rechteck überall mit einer Gabel ein und backen Sie es acht Minuten lang im Ofen, bis es gut aufgegangen und goldbraun ist.

e) Eine große Bratpfanne mit Butter erhitzen. Die Pilze grob in mundgerechte Stücke schneiden. Den Knoblauch fein schneiden und mit den Pilzen hinzufügen. 3-4 Minuten braten, bis es gar und goldbraun ist.

f) Die Petersilie grob hacken, die Hälfte mit dem Balsamico-Essig hinzufügen und eine Minute kochen lassen. Mit Salz und Pfeffer würzen und aufbewahren. Den Ziegenkäse in eine Schüssel geben, die restliche Petersilie hinzufügen und gut vermischen. Pfeffern.

g) Den Teig aus dem Ofen nehmen. Schneiden Sie das innere Rechteck des Teigs vorsichtig ein und drücken Sie das Mittelstück des Teigs mit einer Fischscheibe flach.

h) Den Teigboden für weitere 4–5 Minuten wieder in den Ofen stellen, bis er durchgebacken und goldbraun ist.

i) Für den Salat: Das Olivenöl in einer kleinen Pfanne erwärmen. Die Kirschtomaten halbieren und mit der Zitronenschale und einem Spritzer Saft in die Pfanne geben. Gut vermischen und mit Salz und Pfeffer würzen.

j) Den Spinat in eine Schüssel geben und mit dem warmen Dressing übergießen.

k) Die Törtchen aus dem Ofen nehmen, den Ziegenkäse hineingeben und mit den warmen Pilzen belegen. Auf einen Teller geben und mit dem Salat servieren.

100. Waldpilz-Pecorino-Tarte

Ergibt: 1 Portion

ZUTATEN:
- 3 Esslöffel Olivenöl
- 2 Eine Handvoll gemischte Waldpilze
- 1 groß Nelke und Knoblauch; fein gehackt
- ¼ Zitrone; Schale von
- 2 Esslöffel Glatte Petersilie; grob gehackt
- 2 Blätterteigblätter
- Die Dicke von 2 Streichhölzern
- 75 Gramm Junger Pecorino-Käse; dünn geschnitten

ANWEISUNGEN:
a) Den Backofen auf 200 °C vorheizen.

b) Das Olivenöl in einer Bratpfanne erhitzen, die Pilze dazugeben, würzen und kurz anbraten, bis sie gar sind.

c) Knoblauch, Zitronenschale und Petersilie unterrühren. Vom Herd nehmen und beiseite stellen.

d) Ein Backblech einölen. Zwei Teigblätter darauf legen. Legen Sie die Pilze schichtweise in die Mitte jedes Blattes. In den Ofen geben und 20–25 Minuten backen, oder bis es goldbraun ist.

e) Aus dem Ofen nehmen, mit Pecorino belegen und für 3-4 Minuten wieder in den Ofen stellen. Herausnehmen und sofort servieren.

ABSCHLUSS

Ein paar im Laden gekaufte Törtchen zu genießen, gehört zu den einfachen Freuden des Lebens, aber der Gedanke, selbst ein Törtchen zu backen, kann wie eine entmutigende Aufgabe erscheinen, besonders wenn Sie bisher nur versucht haben, Kekse und Brownies zu backen. Wenn Sie versuchen möchten, Torten zuzubereiten, aber nicht wissen, wo Sie anfangen sollen, führt Sie dieses KOCHBUCH durch die Tortenarten und Rezepte, die Sie für den Einstieg benötigen. Genießen!

Ingram Content Group UK Ltd.
Milton Keynes UK
UKHW020043210623
423741UK00006B/22